NAPOLÉON
ET L'ANGLETERRE

1803-1813

L'auteur et les éditeurs déclarent réserver leurs droits de traduction et de reproduction en France et dans tous les pays étrangers, y compris la Suède et la Norvège.

Ce volume a été déposé au ministère de l'intérieur (section de la librairie) en mai 1904.

DU MÊME AUTEUR

L'Alliance franco-hollandaise contre l'Angleterre (1735-1788), d'après les documents inédits des archives du ministère des affaires étrangères. Un volume in-8°. 1902 . . . . 7 fr. 50

Histoire du Portugal. Un volume in-18. 1887.

Histoire de Serbie. Un vol in-18. 1893.

Histoire du Monténégro et de la Bosnie, depuis les origines, d'après les auteurs slaves. Un volume in-8°. 1895.

Le Royaume de Serbie. Un volume in-18. 1901.

Les Projets de descente en Angleterre, de 1666 à 1782, d'après les documents inédits des archives du ministère des affaires étrangères. 1902.

P. COQUELLE

NAPOLÉON

ET

L'ANGLETERRE

1803-1813

D'APRÈS DES DOCUMENTS INÉDITS
DES ARCHIVES DES AFFAIRES ÉTRANGÈRES, DES ARCHIVES
NATIONALES ET DU FOREIGN OFFICE

PARIS
LIBRAIRIE PLON
PLON-NOURRIT et Cie, IMPRIMEURS-ÉDITEURS
8, RUE GARANCIÈRE — 6^e

1904

AVANT-PROPOS

Ce livre s'adresse à tous ceux qu'intéresse l'épopée napoléonienne.

Il semble que tout ait été dit sur les relations et les différends de Napoléon avec l'Angleterre. Cependant un point n'a pas été entièrement éclairci : c'est l'histoire des relations diplomatiques entre l'empereur et le cabinet britannique, depuis la rupture de la paix d'Amiens en 1803 jusqu'à la première abdication en 1814. En effet, malgré l'état de guerre constant, il y eut des rapports de cabinet à cabinet, qui avaient pour but d'opérer un rapprochement, soit directement, soit indirectement.

Les principaux historiens de Napoléon leur ont consacré quelques pages, mais en les reléguant au second plan, tant les événements militaires effacent tous les autres dans la carrière de Napoléon. Les écrivains de Sainte-Hélène et l'empereur lui-même n'y ont fait que de rares allusions.

Ces relations diplomatiques offrent pourtant un grand intérêt, surtout exposées dans leur ensemble, parce qu'elles découvrent un côté peu connu de Napoléon. Elles expliquent aussi, par la manière dont elles furent engagées et rompues, pourquoi tout rapprochement devint impossible entre les deux nations.

Dans le tome VI (2ᵉ partie, chapitres III et IV) de *l'Europe et la Révolution française*, qui vient de paraître, M. Albert SOREL fait retomber tout le blâme de la rupture de la paix d'Amiens, en 1803, sur les Anglais; A. THIERS, Armand LEFEBVRE, BIGNON et d'autres historiens éminents avaient déjà soutenu cette thèse, avec moins de talent.

On verra par la lecture de nombreux documents des archives des Affaires étrangères de Paris, et des Archives nationales, laissés dans l'ombre jusqu'à ce jour, si cette assertion est conforme à la réalité des faits. Ces documents nous permettront d'établir nettement les responsabilités de la rupture de la paix d'Amiens.

La Hollande en fut la véritable cause. En continuant d'occuper Flessingue et Utrecht contrairement aux engagements formels qu'il avait pris par les traités de Lunéville et la convention de la Haye, Bonaparte donnait aux Anglais le droit de conserver Malte comme équivalent. En vain lui proposa-t-on un arrangement; il ne consentit jamais à évacuer la Hollande malgré les justes réclamations du cabinet britannique, et le força ainsi de rappeler lord Withworth.

Nous expliquerons ensuite pourquoi les pourparlers ouverts en vue du rétablissement de la paix, en 1806, en 1808 et en 1810, n'aboutirent pas.

Nul ne conteste que Napoléon fut un administrateur hors ligne et le premier chef d'armée des temps modernes. Nous allons voir, par la publication de papiers d'État inédits et authentiques, ce qu'il valut comme diplomate, et quels procédés de discussion il employa, non pas avec une nation qu'il tenait à sa discrétion, comme l'Autriche ou la Prusse, ou sous le charme de séduisantes et fallacieuses promesses comme la Russie, mais avec un peuple qui lui résistait et voulait traiter avec lui d'égal à égal.

Napoléon appartient à l'histoire, et ce n'est pas, croyons-nous, porter atteinte à sa gloire que de ramener ses actes à leurs justes proportions.

C'est le devoir de l'historien de s'exprimer en toute franchise, et c'est parce que nous comprenons ce devoir que nous avons écrit cet ouvrage.

P. C.

NAPOLÉON ET L'ANGLETERRE

LES RESPONSABILITÉS
DE LA RUPTURE DE LA PAIX D'AMIENS

CHAPITRE PREMIER

ARRIVÉE DU GÉNÉRAL ANDRÉOSSY A LONDRES, SA RÉCEPTION PAR LE ROI ET LES MINISTRES

Lorsque le général Andréossy fut envoyé à Londres, au mois de novembre 1802, pour y représenter la France, les relations entre les deux pays n'étaient déjà plus aussi cordiales qu'au lendemain de la paix d'Amiens, signée sept mois auparavant. Depuis cette époque, M. Otto (1) remplissait les fonctions de ministre plénipotentiaire, avec d'autant plus de zèle qu'il avait lui-même négocié

---

(1) Otto, né dans le grand-duché de Bade, en 1754, était employé aux affaires étrangères de France avant la Révolution ; chargé d'affaires à Berlin en 1799, il alla à Londres en septembre 1800, pour négocier un cartel relatif aux prisonniers ; en avril 1801, Addington, premier ministre, commença avec lui les négociations de la paix.

pendant plus d'un an avec lord Addington les préliminaires de notre réconciliation avec la Grande-Bretagne.

Quand il s'agit de choisir un ambassadeur définitif, le premier consul pensa avec juste raison que la personnalité du général Andréossy ne serait pas indifférente à l'aristocratie anglaise. Issu d'une ancienne famille italienne, le comte Antoine-François Andréossy (1) entra à vingt ans dans l'artillerie et devint rapidement un des officiers les plus estimés de l'ancien régime. Contrairement à l'attente de ses amis, qui lui avaient réservé un commandement dans l'armée de Condé, il embrassa avec chaleur la cause de la Révolution et fit campagne à l'armée du Rhin. Passé dans celle d'Italie, il se lia d'étroite amitié avec Bonaparte, le suivit en Égypte, s'y distingua autant par sa science d'hydrographe que par ses connaissances militaires. Revenu avec lui, il collabora efficacement au 18 Brumaire et reçut le grade de divisionnaire, avec le commandement de Strasbourg. Sa nomination comme ambassadeur à Londres le trouva dans ce poste.

Ami du premier consul, ayant donné à la République des gages de sa fidélité, Andréossy avait encore l'inestimable avantage d'être pour les aristocrates anglais M. le comte Andréossy, c'est-à-dire un

---

(1) Né à Castelnaudary, le 6 mars 1761.

égal selon leur conception de la hiérarchie sociale.

A tous égards, le choix du général était propre à rapprocher la France et l'Angleterre d'une manière définitive. « La nouvelle de son arrivée prochaine cause ici la plus grande satisfaction ; le cabinet a expédié sur-le-champ un courrier à Lord Withworth (1), pour l'en informer et lui enjoindre de se tenir prêt à partir pour la France. J'ai reçu les assurances les plus pacifiques du ministère Addington, qui voit avec la plus grande satisfaction tout ce qui peut confirmer la puissance du premier consul dans l'intérieur de la France, et il désirerait même de la voir aboutir à un système héréditaire dans sa famille (vœu assez général dans ce pays-ci) ; mais tout ce qui peut tendre à agrandir cette puissance *au dehors*, doit nécessairement fixer l'attention du ministère britannique (2). »

L'opinion des Anglais sur le rétablissement d'une monarchie héréditaire au profit des Bonaparte était exprimée ainsi ouvertement au représentant de la France par leur premier ministre. Ils souhaitent que le premier consul soit aussi grand que possible dans son pays, mais pas au delà des frontières (3).

---

(1) Ambassadeur désigné pour Paris.
(2) Archives des affaires étrangères de Paris, mss. Angleterre, correspondance, t. 600, f° 70. Otto, ministre plénipotentiaire de France à Londres à Talleyrand (29 octobre 1802).
(3) Cf. Armand Lefebvre, *Histoire des Cabinets de l'Europe de 1800 à 1815*, t. I, p. 277.

Toute la politique anglaise de l'époque se résume dans ces quelques mots. Or, Bonaparte voulait être à la fois grand en France et dominer les pays voisins.

Sa nomination comme président de la République italienne, le 25 janvier 1802, à Lyon, et la prise de possession effective d'une grande partie de l'Italie qui en résulta, avaient failli faire échouer les négociations de la paix d'Amiens, qui se poursuivaient alors. Toutefois, les Anglais ne voulurent pas rompre *in extremis* et réservèrent pour des négociations ultérieures de cabinet à cabinet la question des compensations que la France donnerait en échange des républiques Italienne et Ligurienne, et de la reconnaissance du royaume d'Étrurie, ainsi que la fixation de l'indemnité à accorder en Italie au roi de Piémont dépossédé.

Or, six mois plus tard, par le sénatus-consulte du 11 septembre 1802, le premier consul annexait purement et simplement le Piémont et l'île d'Elbe à la France et en formait six départements. Les affaires de Suisse et l'occupation de ce pays par le général Ney vinrent encore indiquer nettement la tendance de Bonaparte de s'étendre hors des frontières que lui avaient tracées les paix d'Amiens et de Lunéville. Enfin, la non-évacuation par nos troupes de Flessingue et Utrecht justifiaient les craintes des Anglais, ainsi que leur désir d'entrer dans de nouvelles négociations sur tous ces points.

Andréossy arriva à Douvres le 3 novembre 1802, à six heures du soir, après une traversée de douze heures, et se mit en route pour Londres le lendemain de très bonne heure. Les mauvais chemins et des accidents de voiture ne lui permirent d'y entrer qu'à une heure après minuit. Partout le long de la route il fut frappé des témoignages non équivoques de l'intérêt que l'on prenait à l'arrivée du représentant du gouvernement français.

Aussitôt à Londres, Andréossy se présenta à lord Hawkesbury, sous-secrétaire d'État aux affaires étrangères. Ce ministre lui rendit sa visite le même jour, et resta près d'une heure et demie en compagnie du nouvel ambassadeur. Il lui annonça, entre autres choses, que lord Withworth était en route pour Paris. La présentation du général au roi d'Angleterre fut fixée à la semaine suivante (1).

Laissons la parole à l'ambassadeur.

« Ma présentation a eu lieu avant-hier. Suivant l'usage, le maître des cérémonies est venu me prendre chez moi; je l'ai fait monter dans ma voiture et nous avons été au palais de Saint-James. J'ai resté dans le premier salon pendant le lever, qui a été fort long, à cause de la quantité de monde que mon audience avait attirée; les princes eux-mêmes étaient venus de la campagne, et pendant que j'attendais, une foule de personnes se sont

---

(1) *Loc. cit.*, Angleterre, correspondance, t. 600, f° 79. Andréossy à Talleyrand, 5 novembre 1802.

avancées vers moi et se sont fait présenter. Lord Hawkesbury m'a introduit auprès de Sa Majesté; arrivé près du roi, qui était seul, debout au milieu de son cabinet, je lui ai adressé le discours suivant. » (Nous ne le reproduisons point, car il ne sort pas de la banalité des harangues habituelles en pareille occurrence.) « Le roi m'a répondu : —
« J'ai toujours désiré la paix, je la désire encore, et je persisterai dans les mêmes sentiments tant qu'on ne portera pas atteinte à la dignité de ma couronne et aux intérêts de mon peuple.

« — Vous avez toujours été officier?

« — Sire, depuis vingt ans, j'ai constamment servi dans l'arme de l'artillerie.

« — Vous êtes ingénieur?

« — En France, les fonctions de l'officier du génie et celles d'officier d'artillerie sont distinctes.

« — Vous êtes ingénieur. Nous savons que vous êtes en état de faire les deux services... et homme de lettres (1).

« — Sire, je n'ai jamais prétendu à ce titre, mais j'ai toujours aimé à consacrer mes loisirs à l'étude.

« — N'est-ce pas qu'en s'occupant on se procure

---

(1) A cette époque, Andréossy avait déjà publié son *Histoire du canal du Midi* (1800), qui est classique dans le genre; il avait aussi composé de nombreux mémoires lors de son séjour en Égypte, sur le régime des eaux de ce pays. Plus tard, ambassadeur à Constantinople, il reprit ses travaux et fut membre de l'Académie des sciences en 1826.

bien des douceurs? Cela fait plus, on se rend indépendant.

« J'ai été frappé de cette dernière réflexion? Le reste de la conversation, qui a duré encore quelques minutes, n'a roulé que sur des objets relatifs à mon voyage, au climat de l'Angleterre, etc. J'ai su depuis, et cette communication a été en quelque sorte officielle, que le roi avait été très satisfait. Le maître des cérémonies m'a reconduit jusque dans la cour; j'ai passé au milieu d'une haie de spectateurs, qui m'ont témoigné le plus vif empressement, et j'ai eu de la peine à percer une foule immense, pour arriver jusqu'à ma voiture, et pour sortir; des acclamations générales se sont fait entendre et m'ont suivi jusqu'au haut de la rue Saint-James. Le même empressement et les mêmes acclamations se sont manifestées à la porte de mon logement. Hier, la reine m'a reçu *avant* le lever, comme il est d'usage chez elle; j'ai été introduit par son grand chambellan. La reine était debout au milieu de son salon, ayant derrière elle, rangées en demi-cercle, les princesses de la famille royale. Après les compliments d'usage, elle m'a adressé ensuite avec grâce et bonté diverses questions relatives à mon voyage et à mon séjour en Angleterre. Trompée par la consonance de mon nom, elle me croyait italien; il a fallu lui donner des explications. »

Andréossy adressa pendant son séjour à Londres

à Bonaparte, son ancien camarade de l'armée d'Italie, sept lettres confidentielles. Elles n'ont jamais été publiées, bien que leur intérêt soit considérable, car elles jettent un jour inattendu sur la rupture de la paix d'Amiens. Voici la première, que nous croyons devoir transcrire en entier (1).

« Londres, 11 nivôse an XI
(1ᵉʳ janvier 1803).

« *Au citoyen Premier Consul.*

« J'ai eu des rapprochements très intimes avec le prince de Galles; il m'a fallu dévorer à table l'ennui d'une séance de six heures. Sheridan était de la partie; il a témoigné beaucoup d'empressement à se disculper des personnalités qu'il avait glissées dans son discours à la Chambre des Communes, et j'ai lieu de croire que cette entrevue était ménagée pour cela. Sheridan ne parle point français; je n'entends que très peu l'anglais; le prince de Galles a servi d'intermédiaire et il a développé ou appuyé les motifs de Sheridan. Voici ses propres mots, comme ils ont été souvent répétés pendant que, suivant l'usage du pays, les bouteilles circulaient; il m'a été aisé de les retenir. « Sheridan, a dit le prince, a été obligé de parler fortement contre le premier consul pour pouvoir

(1) Ces sept lettres se trouvent aux archives nationales. AF⁽ⁱᵛ⁾ 1672.

conclure au maintien de la paix, et on ne pouvait en venir là qu'en appuyant la proposition faite par les ministres d'une marine et d'une armée respectables. Si Bonaparte n'était qu'un homme ordinaire, il n'exciterait point nos craintes et notre jalousie; mais avec un homme qui a d'aussi grands talents, et un ascendant de génie aussi considérable, nous ne devons point rester dans la sécurité d'un armement ordinaire.

« Sous la Monarchie, c'était la nation qui donnait le ton au gouvernement; mais aujourd'hui c'est le premier consul qui imprime l'action et le mouvement à son pays. Ce qu'il y a de plus à craindre, c'est que Bonaparte est plus habile encore en politique que dans la guerre... J'ai désiré la paix, j'ai concouru de tous mes moyens d'y décider le gouvernement; mais je serais indigne de mon pays, si je pouvais consentir à la lui faire conserver par des sacrifices peu honorables, et je serais le premier à exciter à la guerre.

« Sheridan ne voulait pas que nous eussions la rive gauche du Rhin, parce que, disait-il, on pourrait faire descendre par le fleuve des troupes de débarquement contre l'Angleterre; le prince s'est moqué de lui.

« — Voyez-vous, Sheridan, ce n'est pas un homme; c'est l'animal le plus extraordinaire qui existe; avec tous les vices, il est doué des talents les plus rares. »

« Il m'a dit des choses flatteuses, m'a témoigné combien il était enchanté de la circonstance qui l'avait mis à portée de me connaître particulièrement ; aussi m'a-t-il dit : « Quand nous nous ren-
« contrerons, dorénavant, nous saurons sur quel
« pied nous sommes. »

« Le prince paraît avoir une haute estime des talents militaires de Pichegru, et une très petite du caractère de Moreau ; il a dit que ce qui avait frappé le plus dans ce pays était la retraite de Moreau dans la Forêt-Noire et la défense de Gênes par Masséna ; il prétend n'avoir pas vu Pichegru depuis son retour de Cayenne. Je dois observer que le succès des Anglais en Égypte paraissait leur donner la velléité de jouer un rôle comme troupe de terre.

« D'après mes rapports, les émigrés semblent perdre tout espoir ; depuis mon arrivée, j'ai appuyé par des raisons solides cette opinion, et je suis sûr que la personne que je vois ne manque pas de la transmettre. Une légère insinuation faite ces jours derniers m'a laissé entrevoir qu'on accueillerait peut-être avec empressement des propositions du gouvernement qui avaient, je crois, été rejetées avec fierté. J'ai eu l'air de ne point faire attention à cette demi-confidence. Vous devez vous attendre que les intrigants, les hommes pervers s'agiteront encore ; je donne avis au ministre des relations extérieures d'une révélation qui m'a été faite, il y a peu de momens. Un voyageur de ma connaissance qui venait à Londres a été en outre témoin il y a environ un mois, dans une auberge de Calais, de la scène scandaleuse d'un nommé David, grand vicaire de l'évêque de Limoges, et qui se rendait dans ce pays-ci avec une mission qu'il a révélée hautement ; il a déclamé avec violence et m'a même fait l'honneur de me traiter d'usurpateur des droits qu'avait une famille connue à la gloire de la construction d'un ouvrage utile, gloire qui ne lui appartient pas. Il paraît que ce David est un homme instruit, plein de talens et de résolution.

« Je vous salue avec respect,

« F. Andréossy. »

Les réceptions chez les princes du sang et chez les ministres furent empreintes de la même cordialité que chez le prince de Galles, et si le général ne provoqua point les manifestations tumultueuses de joie qui accompagnèrent l'arrivée de Lauriston l'année précédente (1), les prévenances dont il fut l'objet faisaient bien présager de l'avenir. Addington affectait de le considérer comme un ami, sa porte lui était ouverte à n'importe quelle heure de la soirée (2).

(1) Lorsqu'il vint à Londres pour ratifier les préliminaires de la paix, le peuple dételas es chevaux et traîna sa voiture.
(2) Extrait de la seconde lettre confidentielle du 26 janvier 1803 d'Andréossy à Bonaparte. Elle contient quelques détails sur les relations de Pitt et d'Addington, qui étaient de bons amis,

Andréossy est assez sobre d'observations sur les divers personnages de la cour et de l'administration ; un de ses jugements les plus curieux est celui qu'il porte sur George III : « Le roi a toute sa tête, néanmoins son état de santé est précaire ; c'est le roi le plus royaliste qui soit en Europe !

Une autre fois, il le représente comme l'être le plus entêté de la terre.

---

malgré leur dissentiment politique ; sur l'attachement de Fox pour le prince de Galles, sur l'entêtement du roi Georges, enfin constate les allures tranquilles des émigrés.

CHAPITRE II

VÉRITABLE ÉTAT DE LA QUESTION ENTRE LA FRANCE ET L'ANGLETERRE EN DÉCEMBRE 1802

Le Parlement allait reprendre sa session; l'ambassadeur fut comme tout le monde complètement absorbé par cet événement, qui dans les circonstances actuelles revêtait une importance capitale. Dans sa dépêche du 25 novembre, il décrit minutieusement cette solennité, mais constate que les « membres du corps diplomatique sont les seuls qui n'avaient ni bancs ni sièges ». Le discours du trône était très pacifique et le roi se félicitait de ses bonnes relations avec toutes les puissances.

Des questions irritantes furent dès le début soulevées au Parlement. Elles étaient la conséquence de la réunion à la France du Piémont par le sénatus-consulte du 21 septembre et de l'ingérence de Bonaparte dans les affaires de la Confédération suisse, suivie en octobre de l'occupation de ce pays par nos troupes sous les ordres du général Ney.

On comprend l'effet qu'une telle extension territoriale produisit en Angleterre au lendemain de la signature de la paix d'Amiens. La conséquence naturelle fut que le cabinet anglais proposa de tenir en 1803 les forces du pays sur un pied respectable. Au 1er octobre 1801 l'armée anglaise était de 250,000 hommes; elle avait été réduite à 125,000 lors de la paix générale; le ministère demandait d'ajouter à ce chiffre 66,600 hommes destinés à la garde de l'Irlande, pendant toute l'année à venir. Quant au contingent de la marine, au lieu de le maintenir sur le pied de paix de 30,000, on demandait de le porter à 50,000 hommes.

Sheridan intervint dans le débat qui eut lieu le 8 décembre sur la question de l'armée. Il soutint les propositions du ministère avec sa verve coutumière et sa grande liberté de langage. Après avoir exposé les récents empiètements de la France, il concluait ainsi : « Regardez la carte de l'Europe, maintenant, vous n'y voyez que la France (1). » Le tableau de la situation de l'Europe qu'il traçait alors était exagéré, mais pour l'instant seulement, car un avenir prochain justifia point pour point les paroles de Sheridan.

Suivait la boutade sur Bonaparte. Nous la traduisons textuellement : « Mon humble crainte est ceci : bien que dans le livre de son esprit il y ait une note marginale concernant l'expulsion du roi d'Étrurie, le texte entier est occupé par la destruc-

---

(1) HANSARD, *Parliamentary History*, t. XXXVI, col. 1062 et suiv.

tion de ce pays-ci (l'Angleterre). C'est la première vision qui lui apparaît à l'aurore, c'est sa dernière prière du soir, quelle que soit la divinité à laquelle il s'adresse : Jupiter ou Mahomet, la déesse des Batailles ou celle de la Raison. Mais, la seule consolation est que cet homme est un grand philosophe. »

Malgré la flatteuse appréciation qui terminait cette sortie, Bonaparte s'en montra vivement affecté; ne comprenant déjà plus aucun genre de liberté, il ne pouvait se familiariser avec le fonctionnement du régime parlementaire anglais, et se formalisa mal à propos des écarts de langage d'un député plus connu pour son esprit que pour la profondeur de ses pensées.

Pour tous les bons esprits, l'augmentation de 90,000 hommes que proposait le pacifique Addington était justifiée par la conquête du Piémont, l'occupation de la Suisse et la non-évacuation de la Hollande par nos troupes, car bien que la paix fût générale depuis un an, Bonaparte y maintenait des forces importantes sans motif plausible.

A la vérité, le traité de paix d'Amiens ne mentionnait ni la Suisse, ni le Piémont, ni le territoire propre de la Hollande; il n'y était stipulé, quant à ce dernier pays, que la cession de Ceylan à l'Angleterre, la restitution du cap aux Hollandais et un dédommagement pour le stathouder détrôné. Addington, pressé de conclure la paix, n'avait pas fait reconnaître dans le traité l'indépendance de la Hollande et de la Suisse. Pour lui, elle était la conséquence logique de la paix générale; de plus il se fiait au traité de Lunéville, qui garantissait expressément l'indépendance de la République batave, et à une convention franco-hollandaise du 29 août 1801, qui spécifiait que les troupes françaises ne resteraient dans la République batave que jusqu'à la paix générale (1).

La question de l'occupation de la Suisse fut mise de côté par l'acte de médiation du premier consul de fin novembre; et l'Angleterre ne conçut plus de craintes sérieuses de ce chef.

Le Piémont était pour elle une question assez secondaire : celle de la Hollande primait tout.

Or Bonaparte raisonnait ainsi : « Je ne me suis pas engagé par le traité d'Amiens à évacuer la Hollande; donc je puis y rester sans manquer à *la lettre* de ce traité. A la vérité, l'article 11 du traité de Lunéville et l'article 2 de la convention de la

---

(1) Article 11 du traité de Lunéville du 9 février 1801 : « Le présent traité est déclaré commun aux Républiques batave, helvétique, ligurienne et cisalpine. Les parties contractantes se garantissent mutuellement l'indépendance desdites Républiques, et la faculté aux peuples qui les habitent d'adopter telle forme de gouvernement qu'ils jugeront convenable. »

Convention signée à la Haye le 29 août 1801, entre la France et la Hollande :

« Article premier : Le corps des troupes françaises employées comme auxiliaires au service de la République batave sera composé de cinq demi-brigades et cinq compagnies d'artillerie.

« Article 2 : *Ces troupes y resteront comme auxiliaires jusqu'à la conclusion définitive de la paix avec l'Angleterre.* »

Haye me forcent à évacuer la Hollande après la conclusion de la paix avec l'Angleterre ; cette paix est conclue depuis un an, je l'admets, *mais ces traités n'ont pas été conclus avec l'Angleterre ;* je ne reconnais à cette puissance aucun droit de s'occuper des affaires du continent ; donc, je n'évacue pas la Hollande (1). Par contre, j'ai pris l'engagement par le traité d'Amiens d'évacuer Tarente ; je l'ai fait : donc, les Anglais doivent abandonner Malte, puisque par le même pacte ils ont contracté l'obligation de l'abandonner. »

Machiavel n'eût point désavoué une telle interprétation des traités. Aussi fausse en droit qu'en équité, mais flattant les vues ambitieuses du premier consul, elle va devenir le principe fondamental de sa diplomatie. C'est dans ces conditions qu'Andréossy commença, vers le 10 décembre, à discuter avec lord Hawkesbury, secrétaire d'État pour les affaires étrangères, les questions pendantes conformément à ses instructions.

Elles n'étaient pas très nouvelles, puisqu'elles dataient du 30 juin précédent (2) ; pourtant il est

---

(1) Ni Thiers, ni Bignon, dans son *Histoire de la France sous Napoléon*, ni Armand Lefebvre dans son *Histoire des cabinets de l'Europe de 1800 à 1815*, n'ont exposé la question de cette manière ; ils n'attachent qu'une attention distraite aux affaires de Hollande. De nos jours, les historiens de Napoléon ont continué les mêmes errements. Les documents que nous publions ici ne laissent pourtant aucun doute au sujet de l'importance capitale des affaires de Hollande.

(2) *Loc. cit.*, Angleterre, supplément, t. 16.

utile d'en rapporter ici les principales dispositions.

« Le premier soin de l'ambassadeur devra être d'éloigner en chaque occasion toute intervention du gouvernement britannique dans les affaires continentales. Cependant il faut prévoir que l'état actuel de l'Europe pourra amener encore quelques arrangements auxquels le gouvernement ne voudra pas demeurer tout à fait étranger, et à ce sujet le général Andréossy recevra successivement les instructions qui pourront lui être nécessaires. » Andréossy devait continuer la négociation commencée par son prédécesseur Otto au sujet du règlement des affaires germaniques, dans lesquelles le roi d'Angleterre était grandement intéressé, en qualité d'électeur de Hanovre; et tout en évitant les discussions, se montrer empressé de suivre celles qui auraient pour objet l'exécution du traité d'Amiens et le rétablissement des relations commerciales entre les deux pays. Ce dernier point était celui auquel les Anglais attachaient le plus d'importance, car ils brûlaient d'inonder la France de leurs produits coloniaux et autres, et Bonaparte ne voulait pas laisser écraser notre industrie renaissante. Le sieur Coquebert-Montbret, commissaire des relations commerciales, venait d'arriver à Londres pour s'occuper de ces questions, et il avait à s'entendre avec Andréossy... « Le général se renfermera d'abord dans des assurances, mais les plus expressives, de la disposition du premier consul, à faire cesser cette espèce d'interdiction générale, résultat du temps de guerre, et à substituer sinon un traité de commerce, du moins une série d'arrangements particuliers et de compensations. » L'épineuse question de Malte ferait l'objet d'instructions postérieures. Bonaparte recommandait ensuite à l'ambassadeur de bien faire connaître aux Anglais l'état intérieur de la France, puis de mettre tous ses soins à lui donner les notions les plus exactes et les plus détaillées sur l'état intérieur de l'Angleterre : le parlement, la marine, l'état des ports, ses ressources, son administration, etc. Tout cela exigeait beaucoup de tact, de clairvoyance, mais qu'était-ce auprès de la requête de Bonaparte concernant « l'éloignement de Londres des évêques français non démissionnaires et réfugiés en Angleterre, l'interdiction de porter les anciennes décorations françaises, et notamment le cordon bleu, l'envoi des princes de la maison de Bourbon et de leurs adhérents en Russie, enfin et comme chose capitale, l'expulsion de l'évêque d'Arras, de Dutheil, de Georges et consorts ».

Une dépêche adressée par Talleyrand à Otto, le 5 novembre, avait confirmé ces instructions en les complétant sur quelques points de détails.

Des lettres d'Andréossy il ressort que le cabinet Addington était sincère dans son désir de vivre en bons termes avec la France; mais Bonaparte feignait de n'en rien croire et faisait écrire à son ambassadeur de se méfier d'Hawkesbury (1). Il attachait aussi une importance excessive à des faits d'ordre très secondaire, tels que les pamphlétaires et les émigrés loquaces, mais impuissants, les décorations de l'ancien régime, et surtout se méprenait étrangement en pensant qu'après une guerre de dix ans l'Angleterre pouvait du jour au lendemain modifier à fond sa politique. Intolérant, il voulait que le cabinet anglais le fût également vis-à-vis des Anglais, et maître absolu de la France, il croyait qu'on pouvait gouverner l'Angleterre sans s'occuper de l'opinion publique. Le ministère Addington était en butte depuis son avènement à l'opposition violente d'une minorité hostile à la France; Pitt affectait de se tenir à l'écart dans sa propriété de Bath, mais ses amis, et notamment Windham, s'agitaient pour lui. Bonaparte aurait dû se faire à cette situation, gagner du temps, ne pas susciter d'ennuis à Addington, comprendre enfin que la paix réelle et définitive avec l'Angleterre ne pouvait être l'œuvre que de longs mois et surtout de concessions mutuelles.

Au lieu de cela, il écrivait à Andréossy :

« Toutes les fois qu'on vous parlera commerce, répondez qu'on ne pourra ici entendre à aucune proposition de nature à resserrer les liens commerciaux aussi longtemps que l'Angleterre n'aura pas

---

(1) *Loc. cit.*, Angleterre, supplément, t. 31, f° 242. Talleyrand à Andréossy, 2 décembre 1802.

prouvé qu'elle veut réellement sortir de cet état, qui n'est à vrai dire qu'une cessation d'hostilités, pour rentrer dans l'état d'une paix véritable. En effet, nous ne pouvons voir dans nos rapports actuels avec l'Angleterre qu'une espèce d'armistice, et cette position nous paraîtra équivoque et désagréable tant que nous verrons les intrigues contre l'état intérieur de la France se former à Londres, tant que nous verrons à Jersey deux cents individus qui, aux termes du traité d'Amiens, devaient en être éloignés ; tant que l'on continuera à permettre, peut-être à solder, les libelles dirigés contre l'administration actuelle de la France.

« Il conviendrait que les Bourbons fussent éloignés, ou du moins qu'on ne leur permît pas des décorations qui offrent un perpétuel manque d'égards pour la République.

« Ne sortez donc jamais de ce terrain. Quant aux agents commerciaux, si le ministère persiste à leur refuser les moyens de remplir leur mission, il faudra les rappeler ; vous ferez connaître par une note que cela est contraire aux stipulations du traité d'Amiens. »

En même temps, le premier consul ordonnait au général d'envoyer un agent à Édimbourg pour surveiller les menées des princes qui y habitaient.

Tout ce qui s'y passait était bien innocent, malgré la présence des quelques affidés de Georges Cadoudal. Le comte d'Artois était logé royalement au palais d'Holyrood, les honneurs lui étaient rendus par les troupes, et son séjour faisait l'orgueil de la noblesse d'Écosse; seulement on voyait d'assez mauvais œil qu'il n'appelât point près de lui son épouse et logeât sa maîtresse dans une petite maison, distante de dix pas de sa demeure. Allait-il au spectacle, les applaudissements éclataient dès son entrée dans la salle et dans les loges tout le monde se levait avec respect. Ces hommages trouvaient pourtant un censeur sévère dans le comte de Buchan, qui ne négligeait aucune occasion de critiquer l'étiquette dont le comte d'Artois était entouré et les honneurs qu'on lui rendait.

Ainsi, au bal de la reine, le commandant de la place alla au-devant du prince avec la musique, et lorsque celui-ci entra dans la salle, on fit ranger tout le monde pour le laisser passer. A ce bruit, le comte de Buchan s'écria : *Who is that? The king of shoemakers coming!* (Qu'est-ce cela? le roi des cordonniers qui vient!) La glace fut bientôt rompue; le prince devint extrêmement gai : il allait, venait, dansait, faisait des politesses à chacun. Cette gaieté scandalisa quelques Anglais sévères; l'un d'eux s'écria : « Que dites-vous du comte? Ne dirait-on pas qu'il est chez lui et que nous sommes tous des émigrés? »

« En cette occasion, le prince avait revêtu un habit bleu sans décorations, mais l'an dernier, dans le même bal, il s'était, ainsi que sa suite, orné de tous les cordons et de toutes les croix imaginables. Plusieurs lords furent mécontents de ce sacrifice fait autant à leur vanité qu'à la sienne (1). »

Cette nouvelle irrita profondément le premier consul. La question des décorations l'excitait au plus haut point; il en faisait une affaire d'État. Le 17 novembre 1802, il écrit aux cours de Naples, d'Espagne et de Florence pour leur demander d'interdire le port des ordres de l'ancien régime; il se montrait froissé qu'il eût été toléré à Varsovie, qui faisait alors partie de la Prusse, et invitait le roi Guillaume à intervenir. Plus tard, Talleyrand présentait des observations assez vives à lord Withworth à ce sujet.

Bonaparte ne comprenait pas les lois de l'hospitalité envers les personnages de marque; ses prétentions sur ce point étaient absurdes; il se couvrait de ridicule aux yeux des cours étrangères, car n'a-t-on pas toujours eu le droit de porter une décoration régulièrement conférée, même quand le gouvernement qui l'a octroyée n'existe plus?

(1) *Loc. cit.*, Angleterre, corresp., t. 600, f°˙ 162 et 213. Rapports au premier consul.

CHAPITRE III

PREMIÈRES ESCARMOUCHES

A l'occasion du premier janvier 1803, il est probable que le général assista à de nombreuses réceptions; toutefois il n'en fait pas mention dans ses dépêches; il est aussi à supposer qu'il reçut la cour et la ville. Ses appointements de 240,000 francs par an et 120,000 francs pour frais d'installation lui permettaient de le faire magnifiquement (1). Il eût été très intéressant d'avoir quelques détails sur son existence mondaine et ses relations avec la haute société britannique.

Malgré l'importance des questions pendantes, une détente se produisait en Angleterre et l'année commençait sous d'assez heureux auspices, lorsqu'une malheureuse sortie du premier consul inaugura la série des coups d'épingle réciproques qui aboutirent à la rupture.

---

(1) *Loc. cit.*, Angleterre, supplément, t. 31, f° 238. Talleyrand à Andréossy, 28 juin 1802. Ces appointements couraient depuis la fin de mai, époque de la nomination du général comme ambassadeur à Londres, et bien qu'il n'eût rejoint son poste que le 4 novembre suivant.

« L'attitude du gouvernement français en impose singulièrement à l'Angleterre et à ses ministres, mande Andréossy, le 25 janvier 1803; ces derniers se trouvent déroutés et ne savent quel parti prendre. Ils ne supportent point que le premier consul ait déclaré à la face de l'Europe que les Anglais n'ont plus d'alliés sur le continent. « On peut le penser, « non pas le dire », m'observait avec chagrin lord Hawkesbury. »

Dans les derniers jours de janvier, Bonaparte, recevant les délégués des cantons suisses, leur déclarait que l'Angleterre n'avait rien à voir dans les affaires de la confédération, et que, si lors de la dernière insurrection, le cabinet de Saint-James avait fait des représentations à ce sujet, la France annexait purement et simplement la Suisse. Boutade, si l'on veut, mais impardonnable dans la bouche d'un chef d'État parlant officiellement aux délégués d'une nation amie. L'Europe entière fut étonnée; les pessimistes anglais virent dans un avenir prochain la réalisation de leurs craintes; Pitt triomphait et, comme l'écrivait plaisamment Andréossy, « les ministres comparaissent comme au jour du dernier jugement, et ce sera peut-être pour eux le jugement dernier ».

L'ambassadeur faisait son possible pour atténuer les torts des deux cabinets. D'abord il n'a jamais vu personnellement porter les décorations de l'ancien régime; seuls, les fils du duc d'Orléans s'en sont parés, lui a-t-on dit; le fameux pamphlétaire Peltier, que le premier consul poursuit avec tant de colère, est réduit à l'impuissance : les affaires de librairie qu'il a entreprises l'absorbent complètement. Après un procès retentissant, il vient d'être reconnu coupable par le jury anglais d'avoir excité le peuple français à l'assassinat de Bonaparte (1). C'est un résultat extraordinaire, vu l'état des institutions actuelles de l'Angleterre. Andréossy explique que les subsides que le gouvernement anglais accorde à quelques émigrés, sont la récompense de services rendus au cours de la dernière guerre; il fait ressortir aux yeux de Bonaparte quelle bonne impression a produite en Angleterre la réception courtoise que lord Withworth et sa femme la duchesse de Dorset ont reçue à Paris. En même temps, il cherche à exercer son influence personnelle sur les journaux hostiles à la France, mais sans aucun résultat; alors il se décide, à contre-cœur, à faire des représentations à lord Hawkesbury, qui lui répond : « Les feuilles payées par les émigrés ne peuvent rien contre la grandeur de la France; faites comme moi, méprisez-les. »

Grande pensée, digne d'un homme d'État et que le premier consul n'eut pas l'élévation d'esprit de comprendre. Il attachait une telle importance aux criailleries de quelques journalistes anglais, qu'il

---

(1) *The trial of John Peltier*, Londres, 1903.

avait depuis cinq mois défendu absolument de laisser pénétrer en France et de tolérer dans les cabinets de lecture et les cafés les journaux britanniques, à l'exception d'un seul (1).

Pour nous prouver ses bonnes intentions, le cabinet anglais fait arrêter les fabricants de faux billets de la banque de France; cette concession est considérable, car la loi anglaise n'autorisait que la punition des fabricants de faux billets de la banque d'Angleterre, et non de ceux des pays étrangers (2). Bonaparte n'attache aucune importance à cet incident, pourtant caractéristique.

On a dit qu'Andréossy était trop favorable aux émigrés. Noble lui-même, ami de Pichegru, il avait conservé des relations avec ses anciens camarades habitant Londres. Quand cela serait! C'était au contraire un grand bien, car cette situation lui permettait d'éviter les froissements, de faciliter les rapports entre la France et l'Angleterre, et c'est justement pour cela que Bonaparte l'avait choisi. Mais si un penchant naturel portait l'ambassadeur vers l'ancienne noblesse, il avait à cœur la grandeur de la France; les lettres particulières qu'il écrivit de Londres au premier consul, et que nous publions plus loin, le prouvent surabondamment.

(1) *Correspondance de Napoléon*, 6246. Lettres à Fouché, 13 août 1802.
(2) *Loc. cit.*, Angleterre, correspondance, t. 600, f° 150. Andréossy à Talleyrand, 12 janvier 1803.

Les graves affaires de Malte et de l'Égypte n'occupaient pas moins le cabinet anglais que certains détails d'ordre purement économique, tels que la question des agents commerciaux, par exemple. Le premier consul avait décidé d'envoyer dans les grandes villes d'Angleterre des agents français destinés à favoriser la reprise des relations commerciales, et surtout à le renseigner sur l'état économique et maritime du pays. Or, le cabinet anglais n'autorisait pas ces personnages à rejoindre leur poste revêtus de cette qualité, parce que nous n'avions pas de traité de commerce avec l'Angleterre; le premier consul, invoquant les précédents sous l'ancien régime, maintenait sa décision.

Lord Hawkesbury tenait bon, nos agents réunis à Londres se morfondaient; Bonaparte leur fit donner l'ordre de se rendre à leurs postes respectifs, comme simples voyageurs, encore qu'ils dussent être exposés à toutes sortes de tracasseries (1). Cette résolution fit très mauvais effet, mais il y eut encore une autre chose, fort petite en elle-même, et dont les conséquences furent incalculables.

La poste anglaise intercepta une lettre envoyée par ordre du premier consul à Marès, notre commissaire des relations commerciales à Hull. Elle contenait un questionnaire portant sur des affaires

---

(1) *Loc. cit.*, Angleterre, correspondance, t. 600. Talleyrand Andréossy, 23 décembre 1802.

de négoce assez banales, mais demandait un plan détaillé du port de Hull, ainsi que des renseignements très étendus sur ses approches. Hawkesbury fut très impressionné par cette découverte et y vit des plans de descente à exécuter en pleine paix. Il fit appeler Andréossy, lui montra la copie du questionnaire, se plaignit amèrement de ce procédé peu amical; néanmoins, il le prévint qu'il ne demanderait aucune explication au gouvernement français. (1).

Ce questionnaire faisait partie d'un grand travail d'espionnage que Bonaparte avait ordonné à Decrès d'entreprendre sur les côtes anglaises, de l'embouchure de la Tamise à Plymouth, et sur celles d'Ecosse (2). Le cabinet anglais, mis en éveil, le découvrit bientôt, et ses alarmes redoublèrent.

(1) *Loc. cit.*, Angleterre, correspondance, t. 600, f° 129.
(2) *Correspondance*, 6475. Ordre à Decrès, 4 décembre 1802.

CHAPITRE IV

LE RAPPORT SÉBASTIANI

La publication, dans le *Moniteur* du 30 janvier, du rapport du colonel Sébastiani sur son voyage en Égypte fut un coup de foudre pour le ministère Addington (1).

Lord Hervey se rendit en toute hâte chez Andréossy et lui fit part de ses inquiétudes au sujet de la mauvaise impression que la publication du rapport Sébastiani ne pourrait manquer de produire en Angleterre, où l'on s'obstinait à considérer le *Moniteur* comme le journal officiel de la République française.

L'ambassadeur lui répondit que, puisqu'on lui parlait confidentiellement, il ferait de même.

« — Je ne suis pas étonné, ajouta-t-il, que le gouvernement français prenne toutes les mesures pour mettre à découvert la conduite de l'Angleterre dans l'exécution de quelques articles signés à Amiens. Revenir officiellement sur de pareils objets, tels que l'évacuation de Malte et d'Alexandrie, c'est

---

(1) *Loc. cit.*, Angleterre, correspondance, t. 600, f° 166. Andréossy à Talleyrand, 8 février 1803.

mettre en discussion le traité d'Amiens. Ainsi l'on ne doit considérer dans toute la réserve du premier consul qu'une manifestation signalée de son désir sincère de maintenir la paix. »

Lord Hervey lui abandonna Alexandrie et se rejeta sur Malte, disant qu'on ne connaissait pas formellement, au sujet de la garantie de Malte, les intentions de la Russie et qu'on venait d'envoyer un courrier à Saint-Pétersbourg (1).

— Vous voyez, répondit l'ambassadeur, que dans le rapport il n'est question que d'Alexandrie, qu'on aurait dû évacuer depuis longtemps, et qu'on a annoncé plusieurs fois se trouver sur le point d'être évacuée.

Lord Hervey releva ensuite les choses peu obligeantes pour le général Stuart qui se trouvent dans le rapport du colonel Sébastiani.

« — Vous êtes bien susceptible; un mot vous offense, et chaque jour les journaux imprimés à Londres sont inondés de calomnies dégoûtantes que la décence et le bon ton réprouvent; de quel œil voulez-vous que tout cela soit envisagé ?

— Qu'on imprime ce qu'on voudra dans les journaux français, reprit l'Anglais, mais dans le journal officiel, dans le *Moniteur!...* »

---

(1) Rappelons que la Russie, la Prusse et l'Autriche devaient garantir le nouvel état de choses à Malte; la Prusse seule avait consenti, l'Autriche n'avait pas répondu, et la Russie avait refusé une première fois, mais on espérait alors qu'elle reviendrait sur sa détermination.

Andréossy donna à son interlocuteur les explications que le gouvernement français avait publiées sur la prétendue officialité des articles insérés dans le *Moniteur;* ses raisons ne purent le faire changer d'opinion. Pour lui, comme pour tous d'ailleurs, aussi bien en France qu'à l'étranger, le premier consul parlait par l'organe du *Moniteur*.

Bonaparte savait si bien l'effet considérable et désastreux que produirait en Angleterre la publication du rapport Sébastiani, que dès le 5 février il avait fait écrire à son ambassadeur :

« Vous aurez vu dans le *Moniteur* le rapport que le colonel Sébastiani a fait de son voyage dans le Levant, et très probablement le ministère anglais n'aura pas manqué de se montrer offensé de l'esprit d'observation qu'a porté cet officier dans l'examen des forces militaires et de relever la phrase où il dit que six mille Français suffiraient pour conquérir l'Égypte. Il vous aura été facile de répondre à ses observations, et vous aurez dû le faire avec beaucoup de vivacité et de force. Un officier français envoyé pour rétablir les relations commerciales et habituelles de la France avec l'Égypte a dû être étonné de voir que l'armée anglaise n'eût point encore évacué ce pays.

« Étranger à la politique, cet officier aura dû considérer comme un commencement d'hostilité une violation aussi manifeste d'un traité de paix aussi solennel, et dès lors son esprit a dû naturellement se livrer à des calculs de guerre et à l'examen des chances qu'elle pourrait présenter, car, en effet, n'est-ce pas provoquer le retour de la guerre que de garder l'Égypte et Malte au mépris des stipulations du traité d'Amiens? »

La publication de ce rapport constituait déjà par elle-même un procédé blâmable. Comme pour en accroître l'effet, Talleyrand, par ordre de Bonaparte, eut le 5 février une conférence avec Withworth, et lui montra la copie de sa lettre à Andréossy qu'on vient de lire. Il aurait été plus politique de ne pas la communiquer. En réponse, l'ambassadeur d'Angleterre donna des assurances formelles que les ordres étaient partis depuis un certain temps pour l'évacuation de l'Égypte (1). Bonaparte n'en crut rien, comme de coutume, et pourtant Withworth disait vrai ; le cabinet Addington abandonnait Alexandrie ; ainsi la publication du rapport Sébastiani n'eut d'autre résultat que d'ennuyer les Anglais inutilement (2).

Pourtant ils se remirent assez vite ; Andréossy mande le 15 février que le « rapport du colonel Sébastiani est presque oublié, mais il n'a pas laissé de faire quelque impression. Les fonds ont baissé. » Pour pallier cette mauvaise impression, le général

---

(1) *Loc. cit.*, Angleterre, supplément, t. 32, f° 17.
(2) A. Thiers, *Histoire du Consulat et de l'Empire*, t. IV, p. 292 et s., ne mentionne pas cette circonstance de l'entrevue de Talleyrand et de Withworth du 5 février 1803.

eut une longue conférence avec lord Hawkesbury et lui déclara que « sans une marine bien considérable, nous ne pouvions avoir des vues sur l'Égypte, que les affaires de Saint-Domingue nous suffisaient, et que, de plus, quand on nourrit de tels projets on prend garde de les divulguer ».

Si le cabinet anglais avait eu quelques velléités d'évacuer Malte, malgré l'occupation de la Hollande par nos troupes et l'annexion du Piémont, la sorte de pression que Bonaparte avait voulu exercer sur lui quant à l'Égypte lui ôtait les moyens de le faire, à cause de l'opinion publique.

Ce procédé d'intimidation que le premier consul essayait d'employer vis-à-vis de l'Angleterre était la plus grave injure qu'il pût faire à une nation dont un excessif orgueil n'est pas le moindre défaut. Nous verrons par la suite qu'il ne renonça jamais à ce moyen. Lord Hawkesbury développait ces idées à Andréossy, et pour lui, la publication du rapport Sébastiani était des plus déplorables. Pressé par l'ambassadeur de se déclarer au sujet de Malte, le ministre finit par répondre catégoriquement « que la position de l'Europe et particulièrement de la France n'était plus la même aujourd'hui qu'à l'époque du traité d'Amiens, que le *statu quo* au moment du traité qui devait servir de base aux stipulations des compensations, dérangé par l'extension de territoire qu'avait prise la France, laissait une disparate trop forte entre les conditions sur lesquelles on avait établi la discussion et les résultats énoncés dans le traité ».

Ce galimatias de lord Hawkesbury peut se résumer ainsi : depuis le traité d'Amiens, la France a annexé le Piémont, n'a pas évacué la Hollande au mépris du traité de Lunéville et de la convention du 29 août 1801 ; nous gardons Malte comme équivalent, ce n'est que juste (1).

Andréossy, ne pouvant contester ces importantes acquisitions de la France, lui fit alors observer que le gouvernement français avait sollicité vainement le cabinet anglais de reconnaître les Républiques ligurienne et italienne ; et que, quant au Piémont, il n'était pas indiqué dans le traité comme devant être évacué par nos troupes. De la Hollande il ne dit pas un mot. Comme son argument était faible, l'ambassadeur revint à l'évacuation de Malte, mais son interlocuteur ne donna pas de réponse catégorique, et on en resta là.

En même temps qu'il avisait Talleyrand de cette entrevue du 15 février, Andréossy demandait des instructions au sujet de Malte, car on parlait vaguement d'une médiation de la Russie, qui aurait placé la question sous un jour tout nouveau, et il ajoutait : « Les ministres actuels ne peuvent pas vouloir la guerre. Regardez-les, disait un de leurs antagonistes, ils n'ont certainement pas la mine à cela ! »

---

(1) *Loc. cit.*, Angleterre, correspondance, t. 600, f° 173.

Cette lettre décida Bonaparte à voir en personne l'ambassadeur d'Angleterre, le 18 février au soir. Aux violents reproches que le premier consul lui adressa au sujet de la non-évacuation de Malte, et des menées des émigrés, lord Withworth répondit en parlant de l'annexion de la Suisse, du Piémont, et de la non-évacuation de la Hollande. Bonaparte traita l'occupation du Piémont et de la Suisse, de bagatelles et ajouta des expressions trop triviales et vulgaires, au dire de lord Withworth, pour trouver place dans une dépêche et nulle part, si ce n'est dans la bouche d'un cocher de fiacre. Évitant de répondre sur la Hollande, il proféra des menaces terribles à l'adresse de l'Angleterre, et développa ses projets de descente dans ce royaume (1).

Très ému par les paroles du premier consul, Withworth demanda qu'Andréossy fût avisé de suite de cette conférence, afin que ses communications avec le cabinet britannique fussent conformes.

Le lendemain, 19 février, Talleyrand manda le tout au général, et ajouta : « En conséquence, vous demanderez sans note écrite, mais d'une manière positive :

---

(1) OSCAR BROWNING, *England and Napoléon in 1803*, p. 82, dépêche de lord Withworth à lord Hawkesbury, 21 février 1803. — Cf. J. R. SEELEY, *A short history of Napoleon*, p. 288 et suiv. — A. THIERS, *op. cit.*, t. IV, p. 300 et suiv., donne une version un peu différente de cette entrevue. — ALISON, *History of Europa*, t. VI, p. 179 et suiv., indique l'importance de la question hollandaise. — Cf. WALTER SCOTT, *Life of Napoleon*, t. V, p. 21, et J. H. ROSE, *The life of Napoleon I*, t. I, p. 401 et suiv.

« 1° Qu'Alexandrie et Malte soient évacuées. (Bonaparte affectait encore de croire que Withworth avait menti en lui assurant à deux reprises qu'Alexandrie était vide d'Anglais, et cette persistance était de nature à indisposer Addington sans nécessité.)

« 2° Que Georges et consorts soient expulsés du territoire britannique;

« 3° Que les gazettes anglaises elles-mêmes soient empêchées de se permettre contre la France et le premier consul les outrages qui répugnent à la décence publique, au droit des nations, et à l'état de paix.

« Comme c'est mardi prochain que l'exposé de la situation de la République sera fait au Corps législatif, il est important que vous ayez votre conversation sur-le-champ, pour qu'elle précède la publication de cette pièce.

« Attachez-vous à faire ressortir combien la non-exécution du traité d'Amiens répugne à la loyauté de la nation anglaise (1). »

Ainsi, loin de se prêter à une discussion à laquelle lord Addington l'invitait, au sujet de l'acquisition du Piémont et de la conservation de la Hollande par la France en échange de l'occupation de Malte, Bonaparte envoyait une sorte d'ultimatum dans lequel il augmentait ses desiderata. Ignorait-il

---

(1) *Loc. cit.*, Angleterre, supplément, t. 32, f° 17.

donc qu'une nation libre, puissante et surtout soumise au régime parlementaire, ne pouvait, sans se couvrir de honte, accepter les deux dernières conditions relatives à Georges et aux gazettes. Bien plus, une seconde dépêche du même jour, 19 février, enjoignait à Andréossy de demander l'expulsion des Bourbons et leur envoi en Pologne, en faisant ressortir le précédent de 1749 (1).

Nous l'avons déjà dit, que pouvaient contre la grandeur de Bonaparte les émigrés, les gazettes, et le comte d'Artois? De telles requêtes étaient combinées comme à plaisir pour exaspérer le parti de la guerre en Angleterre, affaiblir le ministère pacifique et amener une rupture.

Ces deux importantes dépêches ne parvinrent à Londres que le 22 février, à six heures du soir, bien qu'elles fussent, comme toute la correspondance, portée par des courriers français, ce qui supprimait l'emploi du chiffre et accélérait les communications.

Le 23, à deux heures, lord Hawkesbury reçut l'ambassadeur, prit connaissance avec un air de tristesse visible des requêtes de Bonaparte et déclara « qu'en n'évacuant pas Malte, on avait espéré pouvoir arriver à donner des explications géné-

---

(1) *Loc. cit.*, Angleterre, supplément, t. 32, f° 20.
Par le traité d'Aix-la-Chapelle, Louis XV s'engageait à expulser de France le prétendant Charles Stuart, et il se conforma à cette stipulation.

rales et traiter de quelques compensations fondées sur le changement de *statu quo* ».

Quant au reste, Andréossy n'obtint, comme il fallait s'y attendre, que des réponses assez vagues, et l'excuse qu'un gouvernement populaire devait avoir des ménagements pour l'opinion publique (1).

Au sujet de Malte, lord Hawkesbury lui fit remarquer que cette île ne valait pas le rôle qu'on voulait lui faire jouer, mais que le pays y attachait une grande importance et qu'on était obligé de flatter cette opinion ou du moins de ne pas la contrarier trop ouvertement.

Vers la même époque Decaen partait pour les Indes, à la tête d'une petite escadre. On pouvait y voir une assurance pacifique, car si Bonaparte avait entrevu la guerre à brève échéance, il n'aurait pas exposé cette expédition à tomber dans les mains des escadres anglaises. Pourtant les instructions confiées à Decaen laissaient percer la conviction, nous dirons presque le désir, de voir les hostilités se rouvrir dans un délai assez éloigné. Il doit lier des relations avec les princes qui supportent malaisément le joug anglais, indiquer quelles forces sont nécessaires pour chasser nos rivaux de l'Inde, mais agir avec douceur, dissimulation et prudence.

(1) *Loc. cit.*, Angleterre, t. 500, f. 186. Andréossy à Talleyrand, 24 février 1803.

CHAPITRE V

LES PROPOSITIONS ANGLAISES DU 1ᵉʳ MARS 1803 ET LA SCÈNE DES TUILERIES

La Russie entre en scène. Mis au courant de la gravité des difficultés qui surgissent entre les deux pays, par son ministre à Londres, Simon Worontzoff, le tsar veut essayer de prévenir un conflit. Il offre sa médiation. Markoff, son représentant à Paris, personnage très désagréable à Bonaparte, présente des observations sur l'état des relations si différentes de celles qui doivent exister entre des États en paix. Mais le premier consul ne l'écoute guère; il lui donne des assurances de ses sentiments pacifiques, et quelques jours après, le 21 février, présente au Corps législatif le fameux exposé de la situation de la République, qui équivaut à une déclaration de guerre à l'Angleterre. « Le gouvernement garantit à la nation la paix du continent, et il lui est permis d'espérer la continuation de la paix maritime. Pour la conserver le gouvernement fera tout ce qui est compatible avec l'honneur national, essentiellement lié à la stricte exécution des traités. »

C'était déjà assez rude pour le cabinet anglais, qu'on supposait implicitement proposer à la France des transactions contraires à l'honneur.

« Mais en Angleterre deux partis se disputent le pouvoir. L'un a conclu la paix et paraît décidé à la maintenir ; l'autre a juré à la France une haine implacable. De là, cette fluctuation dans les opinions et dans les conseils et cette attitude à la fois pacifique et menaçante. Tant que durera cette lutte des partis, il est des mesures que la prudence commande au gouvernement de la République. Cinq cent mille hommes doivent être prêts à la défendre et à la venger. Étrange nécessité que de misérables passions imposent à deux nations qu'un même intérêt et une égale volonté attachent à la paix. »

Mais voici qui dépassait toute mesure :

« Quel que soit à Londres le succès de l'intrigue, elle n'entraînera point d'autres peuples dans des ligues nouvelles ; et le gouvernement le dit avec un juste orgueil : l'Angleterre seule ne saurait aujourd'hui lutter contre la France. »

Ces paroles piquèrent à vif l'orgueil britannique ; elles renforcèrent le parti de l'opposition et affligèrent profondément les ministres ; ils ne cachèrent point leur chagrin à Andréossy.

« Pourquoi, lui disaient-ils, au milieu d'une discussion diplomatique, nous jeter des insultes gratuites à la figure ? Est-ce le moyen d'en hâter la solution ? Nous sommes en désaccord sur Malte, le

Piémont et la Hollande; tâchons de nous entendre. Mais vous mêler de la lutte des partis au sein du Parlement britannique, dire que cette lutte oblige la France à garder cinq cent mille hommes sous les armes !... Et pourquoi déclarer à la face du monde que « quel que soit à Londres le succès de « l'intrigue, elle n'entraînera point les autres « peuples dans les ligues nouvelles; et le gouver- « nement le dit avec un juste orgueil : *seule* « l'Angleterre ne saurait aujourd'hui lutter contre « la France? »

L'ambassadeur défendit le premier consul d'avoir aucune mauvaise intention, et remettant de nouveau la question de Malte sur le tapis, finit par savoir que les Anglais voulaient y tenir garnison pendant six ou sept années, comme compensation aux extensions territoriales de la France effectuées depuis la signature de la paix d'Amiens.

Le cabinet anglais *ne veut pas la guerre;* Andréossy le répète pour la troisième fois et le répétera encore, car il est fort bien renseigné; on doit voir dans les inquiétudes que cette affaire de Malte a données à lord Hawkesbury et dans les efforts qu'il voudrait faire pour concilier toutes choses le désir sincère de la part du cabinet britannique de se tirer de ce mauvais pas et de ne pas rompre avec la France (1).

(1) *Loc. cit.*, Angleterre, correspondance, t. 600, f° 193. Andréossy à Talleyrand, 1er mars 1803.

Nous étions enfin en présence d'une proposition ferme, formulée nettement et prêtant le flanc à une discussion qui pouvait être de bonne foi, car les Anglais nous faisaient une concession sur la durée de l'occupation de Malte, et il faut reconnaître, toute passion mise à l'écart, qu'elle n'était pas déraisonnable, étant données l'annexion du Piémont à la France et l'occupation indéfinie de la Hollande.

Comme s'il eût craint que les choses ne s'arrangeassent, Bonaparte, au reçu de ces propositions, ordonna à l'ambassadeur de présenter la note suivante :

« Aux termes du 4° paragraphe de l'article 10 du traité d'Amiens, les troupes anglaises devaient évacuer l'île de Malte et ses dépendances trois mois après l'échange des ratifications. Il y a dix mois que les ratifications sont échangées et les troupes anglaises sont encore à Malte.

« Les troupes françaises, au contraire, qui devaient évacuer les états de Naples et de Rome, n'ont pas attendu, pour se retirer, l'expiration des trois mois qui leur étaient accordés, et elles ont quitté Tarente dont elles avaient rétabli les fortifications, et où elles avaient réuni cent pièces de canon.

« Que peut-on alléguer pour justifier le retard de l'évacuation de Malte? L'article 10 n'a-t-il pas tout prévu et les troupes napolitaines étant arrivées, sous quel prétexte celles d'Angleterre y sont-elles demeurées? »

Le paragraphe suivant a trait à la garantie des grandes puissances prévue par l'article 6, et que la Russie n'avait pas encore envoyée.

« Il paraitrait donc impossible, et il serait sans exemple dans l'histoire des nations, que Sa Majesté britannique se refusât à l'exécution d'un article fondamental de la pacification, de celui qui, lors de la rédaction des préliminaires, a été considéré comme le premier et comme devant être arrêté préalablement à tout autre. Aussi le premier consul, qui aime à se confier aux intentions de Sa Majesté Britannique, et qui ne veut pas les supposer moins franches et moins loyales que celles dont il est animé, n'a-t-il voulu attribuer jusqu'ici le retard de l'évacuation de Malte qu'à des circonstances de mer.

« Le soussigné est donc chargé de demander des explications à cet égard (1). »

Vu le caractère de cette note, Andréossy ne la remit pas immédiatement au cabinet britannique et prit sur lui de voir venir les événements.

On ne pouvait se flatter à Paris que l'insulte contenue dans l'exposé du premier consul du 21 février resterait sans réponse ; un cabinet qui n'aurait pas répliqué serait immédiatement tombé. Le 8 mars,

---

(1) *Loc. cit.*, Angleterre, correspondance, vol. 600, f°s 189 et 200. Talleyrand à Andréossy, 4 mars 1803.

Hawkesbury fit appeler Andréossy à neuf heures du soir et lui donna connaissance du message royal qui serait lu quelques heures plus tard. Cette réponse, qu'Andréossy trouva inconvenante et ridicule, n'était que la paraphrase « des cinq cent mille hommes » auxquels Bonaparte faisait allusion dans son exposé.

« Sa Majesté, disait George III, croit nécessaire d'informer la Chambre des communes que des préparatifs militaires considérables se faisant dans les ports de France et de Hollande, elle a jugé convenable d'adopter de nouvelles mesures de précaution pour la sûreté de ses états. Quoique les préparatifs dont il s'agit aient pour but apparent des expéditions coloniales, comme il existe actuellement entre Sa Majesté et le gouvernement français des discussions d'une grande importance dont le résultat est incertain, Sa Majesté s'est décidée à faire cette communication à ses fidèles communes, » etc.

Évidemment il y avait une exagération manifeste dans la mention de nos préparatifs, qui ne visaient que l'expédition peu importante de Decaen et une autre pour Saint-Domingue et pour la Louisiane (1), mais Bonaparte s'était réservé le monopole des provocations de cabinet à cabinet et ne supportait pas qu'on lui répondît sur le même ton.

Qu'aurait-il dit si George III avait fait à An-

(1) Bonaparte céda la Louisiane quelques jours plus tard aux États-Unis moyennant 80 millions.

dréossy à l'occasion du rapport Sébastiani, du questionnaire Marès, ou de l'exposé politique du 21 février, une scène dans le genre de celle qu'il fit le 11 mars à l'ambassadeur d'Angleterre, au cercle des Tuileries?

Il avait reçu le matin même les termes du message royal du 8, et apostropha lord Withworth en présence de tout le corps diplomatique :

— Ainsi vous êtes décidés à la guerre?

— Non, Premier Consul, répondit avec calme l'ambassadeur, nous sommes trop sensibles aux avantages de la paix.

— Nous avons déjà fait la guerre pendant quinze ans.

— C'en est déjà trop.

— Mais, reprit Bonaparte, vous voulez la faire encore quinze années et vous m'y forcez.

Withworth lui dit que c'était bien loin des intentions du roi d'Angleterre.

Le premier consul s'avança ensuite vers le comte de Markoff et le chevalier d'Azzara, qui étaient à quelques pas de là, et leur dit :

— Les Anglais veulent la guerre, mais s'ils sont les premiers à tirer l'épée, je serai le dernier à la remettre. Ils ne respectent pas les traités. Il faut dorénavant les couvrir d'un crêpe noir.

Après avoir continué sa ronde avec de grands signes d'agitation, il revint vers l'ambassadeur d'Angleterre, au grand ennui de celui-ci, et reprit la conversation en lui disant quelques civilités. Puis, il continua :

— Pourquoi des armements? Contre qui des mesures de précaution? Je n'ai pas un seul vaisseau de ligne dans les ports de France. Mais si vous voulez armer, j'armerai aussi. Si vous voulez vous battre, je me battrai aussi. Vous pourrez peut-être tuer la France, mais jamais l'intimider.

— On ne voudrait ni l'un ni l'autre, reprit Withworth, on voudrait vivre en bonne intelligence avec elle.

— Il faut donc respecter les traités, interrompit Bonaparte; malheur à ceux qui ne respectent pas les traités.

L'ambassadeur se contint, donnant ainsi une leçon de savoir-vivre à Bonaparte. Mais n'était-il pas en droit de lui répondre : « Respectez-vous ceux de Lunéville et de la Haye par lesquels vous vous êtes formellement engagé à laisser la Suisse et la Hollande indépendantes, et à en retirer vos troupes? »

En proie à une exaltation de plus en plus grande, le premier consul rentra dans ses appartements, en répétant encore :

— Malheur à ceux qui ne respectent pas les traités (1)!

Une telle scène, digne pendant de celle du 18 fé-

---

(1) Nous donnons la version de cette scène intégralement, telle qu'elle se trouve dans la dépêche de lord Withworth à lord Hawkesbury du 14 mars 1803. — Browning, *op. cit.*, p. 115. Elle est dépouillée de tous les enjolivements qu'on lui a souvent ajoutés.

vrier, est une opprobre pour la France. Le caractère diplomatique est toujours respectable, les anciens eux-mêmes le tenaient pour sacré. Nous verrons bientôt que Napoléon réservait d'autres surprises aux diplomates.

CHAPITRE VI

LES LETTRES INÉDITES D'ANDRÉOSSY A BONAPARTE
LEUR IMPORTANCE CAPITALE

Sentant l'inconvénient qu'il y aurait à laisser sans réponse la proposition de médiation présentée par le tsar un mois auparavant, Bonaparte se décide à lui donner une réponse le jour même de la scène des Tuileries.

« Une discussion s'est élevée avec l'Angleterre ; aux termes du traité d'Amiens, elle devait évacuer Malte dans les trois mois, comme la France devait évacuer le port de Tarente pour la même époque. J'ai scrupuleusement évacué le port de Tarente. Ayant demandé pourquoi on n'évacuait pas Malte, on m'a répondu que le grand-maître n'était pas nommé. C'était déjà ajouter une clause au traité ; il a été nommé ; alors l'Angleterre a levé le masque et m'a fait connaître qu'elle désirait garder Malte pendant sept ans. Je suis loin, pour mon compte, de consentir à un pareil état de choses, et je suis résolu à tout pour l'empêcher. »

Il sollicite enfin Alexandre de prendre quelque intérêt à cette affaire (1).

Le silence eût peut-être mieux valu que cet essai impertinent de justification. Accuser les Anglais de manquer au traité d'Amiens et les menacer, lorsque soi-même on manque gravement à ceux de la Haye et de Lunéville! Mais Alexandre était parfaitement instruit du véritable état de choses par son ministre à Londres, et il faut le dire, outré de la mauvaise foi de Bonaparte, ses sympathies étaient à Londres plutôt qu'à Paris. Le 16 mars, Hédouville, notre ministre en Russie, a ordre de se plaindre de nouveau de la conduite de l'Angleterre, et Markof reçoit la proposition d'un arrangement pour le roi de Sardaigne, dépouillé du Piémont et protégé d'Alexandre. Duroc part pour Berlin, les rois d'Espagne et des Deux-Siciles sont prévenus.

Partout Bonaparte fait annoncer que les suites de sa querelle avec l'Angleterre seront terribles, surtout pour ceux qui se déclareront pour elle, et qu'il pourra atteindre. Talleyrand enfin menace Withworth d'une invasion immédiate de la Hollande, du Hanovre et de la réoccupation de Tarente (2).

George III n'eut garde d'imiter la conduite du premier consul; bien au contraire, le lendemain du jour où la scène des Tuileries fut connue à

---

(1) *Correspondance de Napoléon*, 6525, 11 mars 1803. Une lettre à peu près semblable fut envoyée au roi de Prusse.
(2) BROWNING, *loc. cit.*, p. 125.

Londres, Andréossy alla au cercle de la reine, où il reçut du roi, de toute la cour, des ministres, des ambassadeurs étrangers, du public lui-même, le meilleur accueil (1). Sa présence produisit un excellent effet, et on ne fit pas la moindre allusion aux extravagances du premier consul.

Bonaparte ne comprit pas la leçon que lui donnait George III.

Le 10 mars, Andréossy remit au cabinet anglais la note que nous avons rapportée plus haut (2); il avait différé le plus possible, car il en craignait avec raison les suites. Effectivement, le 15, on lui apporta une réponse dans laquelle, après un débat assez confus sur l'état actuel des possessions des parties contractantes du traité d'Amiens, lord Hawkesbury continuait en ces termes :

« Mais il a été spécialement convenu par le gouvernement français, dans une note officielle, savoir que Sa Majesté retiendrait sur ses propres conquêtes une compensation pour les importantes acquisitions territoriales faites par la France sur le continent. Ceci est une preuve suffisante qu'on a entendu conclure ce traité eu égard à l'état des choses alors existant, car la compensation obtenue par Sa Majesté a dû être calculée relativement aux acquisitions de la France à cette époque ; et si l'inter-

(1) *Loc. cit.*, Angleterre, correspondance, t. 600, f° 237. Andréossy à Talleyrand (17 mars 1803).
(2) C'est celle que Bonaparte avait envoyée le 4 mars. Voir p. 43-44.

vention du gouvernement français dans les affaires générales de l'Europe depuis lors, si sa conduite envers la Suisse et la Hollande, dont il avait garanti l'indépendance au temps de la conclusion du traité de paix, si les acquisitions qui ont été faites par la France en divers lieux et particulièrement en Italie, ont étendu son territoire et accru sa puissance, Sa Majesté sera fondée, *conformément à l'esprit du traité de paix, à réclamer des équivalents pour ces acquisitions qui puissent servir de contrepoids à l'augmentation du pouvoir de la France.* Cependant Sa Majesté, soigneuse de prévenir toute cause de mésintelligence et désirant consolider la paix générale de l'Europe, était résolue à ne pas faire valoir les prétentions de cette nature qu'elle peut avoir droit de mettre en avant, et de même que les autres articles du traité définitif sont graduellement exécutés de sa part, elle aurait été disposée à effectuer un arrangement conforme à l'intention vraie et à l'esprit du dix-septième article du traité, puisque l'exécution de cet arrangement suivant les termes du traité avait été rendue impraticable par des circonstances qu'il n'a pas été au pouvoir de Sa Majesté de prévenir.

« La publication très extraordinaire du rapport du colonel Sébastiani a mis le cabinet anglais en droit de demander des explications amicales, que lord Withworth sollicita, mais en vain, du gouvernement français.

« Dans ces circonstances, Sa Majesté sent qu'il

ne lui reste plus d'alternative et que la juste consi- dération de ce qu'elle doit à son propre honneur et aux intérêts de son peuple lui fait une nécessité de déclarer qu'elle ne peut consentir à ce que ses troupes évacuent Malte, jusqu'à ce qu'il ait été pourvu à la sûreté essentielle des objets qui, dans les circonstances présentes, peuvent être matériel- lement en péril par leur éloignement. »

La note insiste ensuite sur ce que les différentes conditions stipulées pour l'évacuation de Malte n'ont pas été remplies, notamment le refus de la Russie et le silence de l'Autriche, qui devaient garantir le nouvel ordre des choses. Toutes ces circonstances, « à défaut d'aucun autre motif spécial, auraient été suffisantes pour autoriser Sa Majesté à suspendre l'évacuation de Malte. L'évacuation de Tarente par les Français n'a aucune espèce de rapport avec celle de Malte, le gouvernement français, par son traité avec le roi de Naples, s'étant engagé à évacuer le royaume de Naples à une époque antérieure à celle où cette stipulation a été exécutée (1). »

Voici comment Andréossy juge cette réponse : « Elle est longue, mal écrite, entortillée, mais elle développe assez clairement la situation d'esprit des ministres et du conseil. Ce n'est pas tel ou tel fait, c'est l'ensemble de tous les faits dont se com-

---

(1) *Loc. cit.*, Angleterre, correspondance, t. 600, f° 234.

pose la gloire du premier consul et la grandeur de la France qui les effraye. »

Il y avait évidemment du vrai dans cette assertion, les Anglais voyaient avec une grande jalousie le relèvement économique de la France; mais cette considération seule ne les aurait jamais décidés à lui déclarer la guerre; l'occupation de la Hollande et de la Suisse par nos troupes et l'annexion du Piémont à la République française étaient les véritables griefs (1).

Par le même courrier, Andréossy envoie une longue lettre personnelle à Bonaparte, dont il tient à éclairer complètement l'esprit sur la véritable situation de l'Angleterre. Les Anglais sont jaloux de la France, c'est entendu; « cependant l'intérêt particulier l'emporte sur l'intérêt général; je crois qu'en s'en tenant à Malte et cherchant à leur procurer ce qu'ils appellent des *compensations,* pour ce qu'ils taxent d'entreprises de la France, et leur laissant quelque apparence d'alliance sur le continent, on pourrait finir par s'entendre. Le Hanovre serait le moyen le plus avantageux, en faisant dans cette partie des arrangements qui seraient utiles et agréables au roi et à la nation (2). »

---

(1) Cf. O. Browning, *op. cit.*, p. 7, Instruction of lord Hawkesbury to lord Withworth, 14 novembre 1802; lord Hawkesbury à lord Withworth, 15 mars 1803. Ces pièces ne laissent aucun doute à cet égard.

(2) Cette lettre est la troisième (15 mars 1803). Elle contient des remerciements à Bonaparte qui a terminé à l'avantage du gé-

Le lendemain 16 mars, l'ambassadeur revient à la charge par une nouvelle lettre personnelle au premier consul.

« Le bruit s'est répandu dans la Cité qu'un courrier de lord Withworth avait fait connaître les intentions que vous avez manifestées pour le maintien de la paix. La nouvelle du courrier a fait la meilleure sensation; tout annonce l'éloignement qu'on a pour la guerre, bien qu'il soit certain qu'elle est populaire et qu'on aurait bien moins de peine qu'en 1793 à la rallumer. J'appris que les fonds ont monté d'un et demi depuis qu'on a su que j'avais paru à la cour (1). »

Comme on avait exercé une presse violente dans les ports pour se procurer les matelots nécessaires aux vaisseaux de guerre, l'ambassadeur alla, le

néral une délicate affaire avec un de ses anciens secrétaires; et constate l'inhabileté des ministres anglais, qui, au lendemain de la paix d'Amiens, n'ont pas su protéger Bonaparte contre les libellistes et les journaux. On y lit un éloge d'Addington, ami du roi, parce qu'il est le fils de son médecin. Addington est religieux, honnête, probe, estimé, il a un caractère ferme, mais point d'audace dans l'esprit, et son extraction le laisse sans appui de famille. Hawkesbury est aimé du roi parce qu'il est le fils de lord Liverpool, ami et confident du monarque.

(1) Cette quatrième missive confidentielle (16 mars 1803) rend compte de la réception pleine de déférence qui lui a été faite au lever du roi la veille.

Une autre du lendemain, 17 (la cinquième), relate une visite à Hawkesbury, dans laquelle l'ambassadeur lui a demandé des explications au sujet des armements auxquels se livraient les ateliers de Wolwich et autres. Il remarque que les ministres comblent de prévenances MM. Schimmelpenninck et de l'Arrea, ministres de Hollande et d'Espagne, dans l'espoir de les rallier à la politique anglaise.

18 mars, demander des explications à lord Hawkesbury. « Ces préparatifs, lui répondit-il, ont été dictés par la prudence, et pour parer au danger d'une rupture brusque, mais il tiendra la main à ce qu'aucun conflit maritime ne se produise de ce fait... Et d'ailleurs, ajouta le ministre, la France a bien cinq cent mille hommes sous les armes! »

Le général lui répondit froidement qu'il fallait les mettre en mouvement.

CHAPITRE VII

APPEL D'ANDRÉOSSY AU PREMIER CONSUL

La réponse très logique du ministre anglais en date du 15 mars ne plut pas, comme bien l'on pense, à Paris; Bonaparte chargea, le 18, Andréossy de déclarer, *mais surtout pas par écrit*, que la France n'avait ni augmenté son territoire ni armé un seul vaisseau, et que les insultes de la presse anglaise étaient bien plus graves que la publication du rapport Sébastiani.

Comme si on pouvait comparer les articles vides des journaux d'un pays où la liberté de la presse était complète avec l'impression dans l'*Officiel* d'un document confidentiel! De plus, Bonaparte altérait la vérité en disant que le territoire français n'avait pas été augmenté depuis la paix d'Amiens, car le Piémont avait servi à former six départements; aussi l'ambassadeur ne devait-il pas écrire, mais seulement dire. Ce n'est pas tout : le premier consul ordonne encore au général, le même jour 18 mars, de remettre une seconde note, comme venant de lui, mais dont le premier consul avait composé le projet. Loin d'entrer en discussion, cette note sommait de nouveau les Anglais de remettre Malte séance tenante aux Napolitains, qui garderaient cette île jusqu'à ce que l'Ordre de Malte en reprît possession.

Cette lettre et ce projet de note mirent sept jours pour aller de Paris à Londres, et la position du général, coupé de toutes communications avec la France, était des plus pénibles. Enfin, il remit la note le 28 mars à lord Hawkesbury. En sortant de chez le ministre, il écrit à Talleyrand : « L'opinion des ministres est toujours à la paix, et les ministres étrangers les poussent dans cette voie. »

Le lendemain, il eut une nouvelle conversation d'une heure avec lord Hawkesbury. Le résultat exprimé de la manière la plus formelle fut que ni le roi, ni le gouvernement, ni la nation ne voulaient la guerre, et que la question était de savoir comment on se tirerait de ce mauvais pas d'une manière honorable pour les deux gouvernements. Andréossy en rapporte la certitude que « l'Angleterre veut décidément la paix, puisqu'elle ne voit aucun avantage dans une reprise d'hostilités (1). »

Pour donner encore plus de poids à ses affirmations, l'ambassadeur, profitant de ses anciens rapports de camaraderie avec le premier consul, lui écrit, le 2 avril, une lettre plus pressante que

---

(1) *Loc. cit.*, Angleterre, correspondance, t. 600, f° 268. Andréossy à Talleyrand, 29 mars 1803.

les autres. C'est la sixième des lettres inédites. La voici en entier :

« 12 germinal an XI.

« Citoyen Premier Consul,

« La note que j'ai remise au secrétaire d'État a embarrassé le conseil; je n'ai pas encore reçu de réponse.

« Je me persuade que vous voulez la paix, que vous en avez besoin, et j'agis en conséquence, mais vous ne laissez au ministère aucun moyen de se tirer du mauvais pas où ils se sont mis, et quels que puissent être les événements, ils entreprendront de soutenir la gageure. Il est certain que l'âge et les infirmités du roi ne lui permettent pas d'envisager de sang-froid la crainte de voir troubler ses derniers jours par une guerre funeste et par l'application aux affaires qu'exige un tel état de choses, et d'un autre côté les hommes influents ne doivent-ils pas s'attacher à préparer un temps calme au nouveau règne, qui ne peut être que très orageux ?

« Ainsi les vœux, le désir, le besoin de ce pays-ci sont pour la paix.

« A Dieu ne plaise que je pense un moment que la France doive renoncer au moindre de ses avantages, et certes ma prévention pour ce pays-ci n'est point dans le cas de m'égarer, mais je suis moralement sûr qu'en ayant l'air de ne point comprimer l'Angleterre, on obtiendrait, sans effort, tout ce qui peut assurer la sécurité du gouvernement français et les avantages des pays qu'il administre; on assurerait le bel édifice que vos mains ont élevé et que ne pourront voir sans inquiétude des hommes de l'intérieur plus perfides peut-être que les journalistes de Londres.

« Les éléments pour la résurrection de la Vendée sont ici, ainsi que ceux qu'on peut faire agir pour soulever les principales puissances du continent.

« J'ai acquis la certitude qu'il y a des projets formés sur l'Amérique du sud. Saint-Domingue va être livré à l'insurrection. Puisaye est de retour du Canada; il m'a fait dire qu'il n'entreprendrait point de projet contre nous.

« J'ai cru, citoyen premier consul, qu'il était de mon devoir de vous faire pressentir quelques-uns des maux qui seraient la suite inévitable de la guerre et les moyens qui sont entre vos mains pour conserver la paix; vous me pardonnerez ma franchise en faveur de la loyauté de mes intentions et de mon dévouement à votre personne. »

« F. Andréossy. »

Le 3 avril, lord Hawkesbury répondit à la note du 28 mars « que le gouvernement britannique s'est cru fondé à concevoir des craintes sur les projets ambitieux du gouvernement français. Il veut être rassuré à cet égard par des explications satisfaisantes. Il les a demandées, et jusqu'ici le gouvernement français s'est refusé à toute explication, en même temps qu'il insiste sur l'évacuation de Malte. Le gouvernement anglais fait un dernier effort en ordonnant à Withworth de s'assurer positivement si le gouvernement français persiste à refuser d'entrer en explications. Le ministère désire ardemment cette dernière alternative. ».

Cette note, aussi juste dans le fond que polie dans la forme, produisit une grande impression sur l'esprit élevé de l'ambassadeur. Il comprit après cela que son maître ne pouvait refuser de donner des explications au sujet de l'occupation de la Hollande, de la Suisse et du Piémont, sous peine de porter tout le poids de la rupture qui allait résulter de ses réclamations violentes pour Malte. Il écrivit à Talleyrand : « La note de lord Hawkesbury laisse encore entre les mains du gouvernement français l'alternative de la paix ou de la guerre. *La pensée secrète du gouvernement britannique n'est pas de garder Malte,* lord Hawkesbury l'a dit à une personne de ma connaissance, dans ces mots : « Nous ne pouvons pas évacuer Malte avant de nous trouver à même d'assurer le Parlement et la nation que les discussions ont pris un caractère assez pacifique ; mais nous ne disons pas : Malte ou la guerre ! »

Andréossy conclut :

« Tout dépend du gouvernement français : s'il veut entrer en explications, on trouvera facilement de part et d'autre un expédient convenable; si on se refuse à ces explications, la guerre est immanquable, et elle sera populaire. Si le gouvernement français se prête aux discussions avec une libéralité que l'Europe attribuera à la sollicitude magnanime du premier consul pour le repos de toutes les nations, et que personne n'osera attribuer à un motif de faiblesse, alors la paix est conservée, et le premier consul amènera l'Angleterre à lui accorder franchement tout ce qu'il sera en droit de lui demander (1). »

Andréossy lance le même jour, 14 germinal, un appel suprême au premier consul.

« Les ministres ont cherché à s'assurer de M. Grey, un des hommes le plus estimés du Parlement pour ses talents, et qui jouit de la meilleure réputation. Il a répondu qu'il demeurerait invariablement attaché à M. Fox. Je dois le voir demain chez la duchesse de Devonshire. L'ancienne opposition veut l'exécution du traité d'Amiens ; elle soutiendra le ministère dans les deux chambres. Le parti Grenville (parti de la guerre avec la France) est conspué ; M. Pitt va quitter les environs de la capitale et s'éloigner jusqu'à Bath.

« *Tout le monde veut la paix; en conservant l'Europe*

---

(1) *Loc. cit.*, Angleterre, correspondance, t. 600, f° 278 et 280. Andréossy à Talleyrand, 4 avril 1813.

dans cet état, vous écraserez ce pays-ci, sans même employer l'effort de votre massue. Mais, je ne saurais trop le répéter, le ministère quel qu'il soit, s'il marche bien, doit être ménagé, parce qu'il est responsable.

« Il s'en faut de beaucoup que le roi ait un pouvoir absolu, mais il a un grand ascendant d'opinion; on a contracté l'habitude de le respecter, et on le regarde comme un roi honnête homme (1).

« Dans un pays essentiellement livré aux affaires, où les négociants sont si riches, les ministres ont besoin pour des fonds extraordinaires du secours des négociants, et ceux-ci ont le droit d'exiger que dans les transactions on s'occupe de leurs intérêts.

« C'est de ces trois éléments que dépend le jeu de l'administration du gouvernement anglais. A la tactique ou aux moyens des ministres est réservé le soin d'annihiler le parlement en l'avilissant comme l'ont fait Pitt et Dundas, ou de s'y former des partis qui puissent servir d'appui à des talens médiocres, et c'est le cas de l'administration actuelle, qui se trouve en outre renforcée des sentiments de la bienveillance du roi, que sa confiance en des gens sages et probes et la tranquillité que réclame son grand âge font respecter de la nation.

« *Jamais, dans aucune circonstance, il n'y eut, je*

---

(1) On sait que Georges III était partisan résolu de la paix avec la France. Le tableau du régime anglais qui suit est assez curieux, et très juste.

crois, un assentiment plus général pour le maintien de la paix, et vous vous trouvez placé de la manière la plus avantageuse pour régler invariablement la destinée de l'Univers. »

« Je vous salue avec respect,

« F. Andréossy (1). »

Ces deux lettres personnelles d'Andréossy au premier consul des 12 et 14 germinal (2 et 4 avril) et sa dépêche à Talleyrand du 4 avril, qu'on a lue plus haut (page 61), sont des documents historiques de la plus grande importance. Pour quels motifs ne les a-t-on pas publiés jusqu'à ce jour? Ils prouvent d'une manière absolue que la responsabilité de la rupture de la paix d'Amiens retombe tout entière sur Bonaparte. Il est impossible de mettre en doute l'expérience ou le caractère d'Andréossy. Ayant de nombreuses relations dans les sphères aristocratiques de Londres, ami d'Addington et d'Hawkesbury, il n'ignorait ni les aspirations de l'Angleterre pour la paix, ni le désir du cabinet de la conserver. Bonaparte, s'il négligea alors ses avertissements, lui rendit justice plus tard, en lui confiant les importants postes diplomatiques de Vienne et de Constantinople.

Au printemps de 1803, il fallait gagner du temps,

---

(1) Archives nationales AF^{iv} 1672. Cette lettre est la septième et dernière écrite par l'ambassadeur à Bonaparte pendant son séjour à Londres.

discuter courtoisement sur la Hollande et Malte pendant plusieurs mois, laisser l'opinion publique anglaise se calmer, et nous aurions obtenu un arrangement satisfaisant.

Malheureusement Bonaparte ne voulait plus la paix ; seulement il prétendait, à cause de l'opinion publique, forcer les Anglais à rappeler leur ambassadeur les premiers et il y réussit.

CHAPITRE VIII

MODÉRATION DU CABINET ANGLAIS : SES NOTES DES 26 AVRIL ET 7 MAI

Withworth remit à Talleyrand, le 7 avril, une note conforme à celle délivrée le 3 par Hawkesbury à Andréossy (1), et Talleyrand lui déclara le lendemain que « tout ce qui a pour but de violer l'indépendance de l'ordre et de l'île de Malte ne sera jamais consenti par le gouvernement français. Pour tout ce qui peut convenir ou être agréable au gouvernement anglais pour terminer les présentes difficultés et qui ne serait pas contraire au traité d'Amiens, le gouvernement français n'a aucune objection pour faire une convention particulière à cet égard (2). » De la Hollande et du Piémont, Talleyrand ne dit pas un mot. Andréossy, avisé de suite par Talleyrand de cette nouvelle manière de déplacer la question sans la résoudre, attendit

---

(1) Voir plus haut, page 60.
(2) *Loc. cit.*, Angleterre, correspondance, t. 600, p. 290, 8 avril 1803.

plein d'anxiété la réponse définitive du cabinet de Londres.

Trois semaines se passent; le cabinet anglais réfléchit, consulte les ministres des puissances à Londres, étudie son terrain, cherche à savoir où il pourra trouver des soutiens si le premier consul le force à déclarer la guerre. Enfin, le 26 avril, Withworth propose à Talleyrand des bases de discussion. Il propose :

« 1° Que Sa Majesté Britannique puisse garder Malte pendant dix ans;

« 2° Que l'île de Lampedouze lui soit cédée en toute propriété;

« 3° Que les troupes françaises évacuent la Hollande et la Suisse (1). »

Pouvions-nous raisonnablement discuter sur ces bases? Nous n'hésitons pas à répondre affirmativement. En effet, les Anglais ne demandaient Malte que pendant dix ans et la possession de l'îlot stérile de Lampedouze; en échange, nous gardions définitivement le Piémont. Le marché était avantageux pour la France, et le Piémont valait bien Malte. Quant à la Hollande, il était juste que nous l'évacuassions, n'ayant aucun motif sérieux pour la garder et n'y étant autorisés par aucun traité. Or, Bonaparte prétendait conserver la Hollande et le Piémont.

---

(1) *Loc. cit.*, Angleterre, correspondance, t. 600, et Oscar Browning, *loc. cit.*, p. 197.

Malheureusement Withworth déclara en même temps que si dans le délai de sept jours il n'avait pas été signé une convention, il avait l'ordre de cesser sa mission et de retourner à Londres, ce qui donnait à ses propositions un air d'ultimatum.

Talleyrand trouva « là-dedans un mépris des formes dont nous ne pouvions pas nous attendre à éprouver les effets (1) ».

Bonaparte en fut choqué. Il fallait bien pourtant poser un terme à cet échange stérile de notes qui menaçait de s'éterniser. Si le mot ultimatum avait figuré dans le texte, Withworth était expulsé de France séance tenante; Bonaparte l'avait écrit à Talleyrand le 1er mai (2).

La présentation des propositions anglaises est très correcte, la forme y est sauvegardée; Bonaparte avait mis bien moins de façons dans sa conduite avec les Anglais depuis cinq mois. Le surlendemain de la remise de la note anglaise, il prescrit des mesures douanières qui devaient indisposer au plus haut point le commerce anglais.

Privé de nouvelles depuis trois semaines, n'ayant qu'une connaissance incomplète de ce qui se passait à Paris, Andréossy était dans une situation intenable. Le 5 mai, il apprit la remise des propositions anglaises du 26 avril et alla de suite les discuter avec lord Hawkesbury.

(1) *Loc. cit.*, Angleterre, correspondance, supplément, t. 32, f° 58.
(2) *Correspondance de Napoléon*, 6720.

Il n'obtint aucun résultat. La Hollande formait la difficulté principale. Le lendemain il fut mandé de nouveau, et assista au lever du roi ; le soir il retourna chez le ministre et y resta jusqu'à minuit. Lord Hawkesbury lui parut plus tranquille, plus rassuré, et lui fit connaître que si l'on n'avait point de bonnes nouvelles lundi au plus tard, le roi communiquerait à son Parlement, par un message, la situation des affaires et celle du pays.

Andréossy ne doute pas que les avis reçus de la Hollande n'aient contribué à précipiter cette dernière mesure ; lord Auckland, qui désire vivement la paix, lui dit que *l'occupation de la Hollande par nos troupes et les travaux défensifs qu'on faisait sur plusieurs points* étaient regardés par le cabinet britannique comme une prise de possession et que cela n'arrangerait pas les affaires (1). L'ambassadeur regarde alors toute entente ultérieure comme presque impossible, et donne, sans bruit, les ordres nécessaires pour préparer son départ.

Le 2 mai seulement, dernier jour du délai, Talleyrand avait accusé réception à Withworth de ses propositions du 26 avril et lui déclarait « que Lampedouze n'appartenant pas à la France, nous ne pouvions en disposer ; que le premier consul ne

---

(1) Dès le début du mois d'avril, Bonaparte avait envoyé les ordres pour mettre en état de défense Brest, le Havre, Lorient les côtes de la Manche depuis Amiens jusqu'aux bouches de l'Escaut. Semonville, ministre en Hollande, exigea l'armement des forts de la côte hollandaise.

pouvait que communiquer à l'Espagne, à la Hollande, à la Russie, à la Prusse et à l'Autriche, les propositions de Sa Majesté Britannique, afin d'avoir leur opinion, parce qu'elles changeaient une disposition formelle du traité d'Amiens. Quant à l'évacuation de la Hollande par les troupes française, le premier consul n'a point de difficulté à faire répéter qu'elles évacueront la Hollande dès l'instant où les stipulations du traité d'Amiens pour chacune des parties du monde seront exécutées (1). »

Cette réponse dilatoire posait la question préalable au lieu de répondre catégoriquement.

En effet, si Bonaparte est disposé réellement à évacuer la Hollande, pourquoi n'accepte-t-il pas les propositions anglaises du 26 avril, ou au moins ne les discute-t-il pas avec bonne foi?

Une dépêche, adressée plus tard au roi de Prusse, donne la clef de ce mystère, explique cette contradiction. Napoléon lui fait écrire : « Je suis décidé à évacuer la Hollande et la Suisse, *mais je ne le stipulerai jamais dans un traité* (2) ».

Ne pas vouloir s'engager par écrit à faire une chose qu'on consent à promettre verbalement, c'est avouer l'idée bien arrêtée de ne pas tenir ses engagements. Un refus péremptoire d'évacuer la Hollande et la Suisse eût été noble, au moins !

---

(1) *Loc. cit.*, Angleterre, correspondance, t. 600, f° 313.
(2) *Correspondance de Napoléon*, 7032, 30 août 1803.

Dès le début d'avril, Bonaparte était décidé à la guerre coûte que coûte ; seulement, en retardant le plus possible la rupture officielle, il se ménageait le temps de terminer ses préparatifs les plus urgents. Afin de gagner encore quelques jours, il fit offrir le 4 mai à l'ambassadeur anglais de remettre Malte aux Russes ; ainsi chaque fois que lord Withworth parlait de la Hollande, on lui répondait : Malte (1).

Talleyrand souffrait de cette situation, car il tenait sincèrement à la paix. Désirant consolider l'édifice construit par le premier consul, il craignait que tout fût remis en question par une guerre avec les Anglais, appuyés par une partie des puissances continentales. Il n'ignorait ni les intrigues des ministres anglais auprès des cours de l'Europe, ni les relations de Withworth avec Markoff et les autres diplomates.

Il écrivit donc à Andréossy de tenter un nouvel effort auprès du ministre anglais :

« C'est à vous maintenant à voir immédiatement lord Hawkesbury et à vous servir de tout ce que je vous ai mandé ces jours-ci, pour amener le ministre à des décisions raisonnables. » Andréossy

---

(1) Cf. A. Thiers, *op. cit.*, t. IV, p. 332 et 55. M. Thiers passe sur cette grave question de la Hollande qui tint une grande place dans les résolutions du cabinet britannique et de Bonaparte, et fut la cause réelle de la rupture. Les auteurs qui ont écrit sur le même sujet ne lui attachent qu'une importance très secondaire. On voit ce qu'il en est.

eût bien préféré qu'on l'autorisât à promettre formellement l'évacuation de Flessingue et d'Utrecht; mais il ne pouvait le faire sans ordre.

Au reçu de cette dépêche, il courut chez lord Hawkesbury, et Schimmelpennink, ministre de Hollande, tout dévoué au premier consul, se rendit chez Addington. Ils apprirent chez ces personnages que le cabinet anglais ne voulait pas remettre Malte à l'empereur de Russie, mais faisait une concession. En effet, le soir même, 7 mai, il avait envoyé à Paris un courrier porteur des propositions suivantes, plus avantageuses encore pour nous que celles du 26 avril.

« 1° Les Anglais remettront Malte aux habitants et l'île sera reconnue comme État indépendant aussitôt que les travaux de l'île Lampedouze seront terminés;

« 2° Le gouvernement français ne s'opposera pas à ce que l'île de Lampedouze leur soit cédée par le roi des Deux-Siciles, auquel elle appartient;

« 3° Le roi d'Angleterre reconnaîtra le royaume d'Étrurie, les Républiques ligurienne et italienne; la Hollande sera évacuée dans l'espace d'un mois après la conclusion d'une convention fondée sur les principes de ce projet; la Suisse sera évacuée et une provision territoriale convenable sera assignée au roi de Sardaigne en Italie.

« Article secret : Sa Majesté Britannique ne sera

requise par le gouvernement français d'évacuer Malte qu'après le terme de dix années (1).

Hawkesbury expliqua à Andréossy que cet article secret avait pour but unique de sauver la situation du ministère britannique et de lui permettre de donner des explications satisfaisantes à l'opposition et au public, qu'en réalité Malte serait évacuée en même temps que les Français évacueraient la Hollande.

Withworth remit le 10 mai ces ultimes propositions à Talleyrand, et afin de donner une dernière preuve de bonne volonté, ajouta par une note que l'île serait restituée à l'ordre de Malte et non aux habitants, si le premier consul le désirait (2).

Était-il possible d'aller plus loin dans la voie des concessions? et Bonaparte écrivit à plusieurs cours que les Anglais l'avaient poussé à bout !

(1) *Loc. cit.*, Angleterre, correspondance, t. 600, f⁰ˢ 321 et 336.
(2) Cette note sans date est écrite tout entière de la main de lord Withworth, mais non signée. *Loc. cit.*, Angleterre, correspondance, t. 600, f⁰ 334.

CHAPITRE IX

LA RUPTURE

Talleyrand et Joseph Bonaparte essayèrent en vain de fléchir le premier consul ; ils ne purent le décider à entrer en pourparlers avec lord Withworth sur les dernières propositions anglaises.

N'ayant le 12 qu'une réponse ambiguë, l'ambassadeur d'Angleterre réclama de nouveau ses passeports, les obtint sur-le-champ et quitta Paris le soir même à neuf heures (1).

Comme il était convenu avec Talleyrand, il voyagea avec une extrême lenteur, afin de permettre aux courriers de porter de nouvelles propositions directement à Londres, le cas échéant. Cela arriva effectivement. Bonaparte, en présence de la responsabilité terrible qu'il allait assumer envers la France, en laissant partir lord Withworth, eut un remords. Il fit écrire le 13 mai à Andréossy la lettre suivante :

---

(1) Oscar Browning, *op. cit.*, p. 233 et s.

« Vous emploierez le citoyen Schimmelpenninck, ou toute autre voie indirecte, pour faire insinuer au ministère britannique que s'il rejette absolument la proposition de remettre Malte à une des puissances garantes, on ne serait pas éloigné ici d'adopter que l'Angleterre reste à Malte pendant dix ans, pourvu que la France occupât pendant le même nombre d'années Tarente, Otrante, et toutes les positions qu'elle occupait dans le royaume de Naples au moment de la signature du traité d'Amiens.

« Si cette insinuation a quelque succès, faites savoir ensuite que vous pourriez prendre sur vous de signer une convention conclue en ces termes :

« 1° Les troupes britanniques pourront occuper
« Malte pendant dix ans.

« 2° Les troupes françaises occuperont pendant
« l'espace du même temps, ainsi qu'elles les occu-
« paient au moment de la signature du traité
« d'Amiens, les positions de Tarente, d'Otrante,
« qu'elles n'ont évacuées qu'en conséquence de
« l'article 11 dudit traité. »

« Vous sentez, général, que pour peu qu'il vous paraisse que cette communication ne doive pas réussir, vous devez vous appliquer à n'en laisser aucune trace, afin qu'on puisse toujours nier que le gouvernement français eût adhéré à une semblable proposition.

« Le premier consul s'en remet entièrement à

vous de l'usage que vous pourriez faire de l'autorisation qu'il vous a donnée ici (1). »

A minuit, de Saint-Cloud, Talleyrand écrivit encore au général, de sa propre main et sous la dictée de Bonaparte :

« Citoyen ambassadeur, je vous ai expédié, il y a six heures, un courrier pour annoncer que lord Withworth avait demandé ses passeports. Il paraît au Premier Consul inconvenant que vous quittiez Londres avant qu'il soit bien répandu que lord Withworth a quitté Paris. Il naît même au Premier Consul un espoir, quelque peu fondé qu'il puisse être, qui exige votre présence à Londres; ce serait celui que le gouvernement anglais, mieux éclairé par les véritables dispositions de l'empereur de Russie, par les déclarations qui ont été faites par le ministre de Russie, se résolût à adopter la proposition qui a été faite de remettre Malte à une des trois puissances garantes. Il paraît donc convenable, si vous êtes encore à Londres, d'y rester jusqu'à un nouveau courrier; si vous en êtes parti, de continuer votre route jusqu'à Douvres. Si vous êtes encore à Londres, le Premier Consul ne voit pas d'inconvénient à ce que vous ayez une conférence générale pour lui montrer les conséquences de la conduite du ministre, nos dispositions véritablement pacifiques, l'obligation où ils nous ont mis et la disposi-

(1) *Loc. cit.*, Angleterre, supplément, t. 32, f° 76. Talleyrand à Andréossy, 13 mai 1803.

tion où nous sommes de faire la guerre plutôt que de nous laisser humilier. Du reste, demain, dans la journée, je vous expédierai un courrier qui vous servira de règle pour votre marche ultérieure.

« J'ai l'honneur de vous saluer.

« Ch.-M. Talleyrand (1). »

On se demande en quoi l'évacuation de Flessingue pouvait humilier la France, d'autant plus qu'elle aurait eu pour corollaire l'abandon de Malte par les Anglais. Mais leur proposer de réoccuper Tarente quand nous tenions déjà Flessingue, cela passait les bornes.

A la réception de ces deux lettres, le 15 mai, Andréossy crut pouvoir aller conférer une dernière fois avec lord Hawkesbury, car on n'avait pas encore à Londres la certitude matérielle du départ de lord Withworth de Paris. « Je l'ai trouvé froid, inflexible, il m'a répondu que c'était trop tard. J'ai resté plus d'une demi-heure dans son cabinet ; la conversation a été traînante ; il y a eu des silences, des interruptions, nous avons changé souvent d'objet ; il voulait me voir venir ; de mon côté je l'attendais, mais cette démarche n'a rien produit ; et à vrai dire, je n'en espérais pas grand'chose, c'était une simple affaire de procédé. »

Puis, il prévint Schimmelpenninck des intentions

---

(1) *Loc. cit.*, Angleterre, supplément, t. 32, f° 70.

de Bonaparte, et le trouva tout disposé à entrer dans les vues du premier consul. En conséquence, il se rendit de nouveau chez Hawkesbury et lui fit entendre que si tout dépendait de l'abandon de Malte aux Anglais pendant dix ans, on pouvait encore obtenir ce but en admettant l'occupation de Tarente par les Français pendant un pareil nombre d'années. Lord Hawkesbury lui répondit que cette idée n'était pas nouvelle, qu'il en avait été question pendant le cours des négociations, et que lord Withworth en avait parlé dans sa correspondance, mais que le cabinet britannique l'avait repoussée comme contraire aux rapports qui existaient entre l'Angleterre et le roi de Naples. Il en parlerait à lord Addington, et donnerait la réponse à Schimmelpenninck dans une heure. Les heures s'écoulèrent et rien ne vint. Andréossy conclut que l'idée était repoussée (1).

Si Bonaparte avait proposé de garder Flessingue pendant que les Anglais garderaient Malte, on aurait pu s'entendre *in extremis*, mais il ne voulait à aucun prix évacuer ce boulevard de la Hollande, tout en exigeant que les Anglais abandonnassent Malte.

Lord Hervey, sous-secrétaire d'État, étant venu informer l'ambassadeur officiellement que lord Withworth devait coucher le soir même du 15 à

---

(1) *Loc. cit.*, Angleterre, correspondance, t. 600, f°ˢ 370 et 371. Andréossy à Talleyrand, 15 mai 1803.

Boulogne, serait le lendemain à Calais et s'embarquerait à la marée du soir, Andréossy, ne voyant plus rien à faire à Londres, annonça son départ pour le lendemain 16, à la première heure.

Arrivé à Douvres le 16 au soir, il trouva qu'on avait mis l'embargo sur tous les bâtiments ; il écrivit à lord Hawkesbury pour qu'il donnât directement l'ordre de laisser partir son bâtiment, parce qu'il ne serait pas décent pour l'un et l'autre pays qu'un ambassadeur s'en allât en fugitif.

« J'étais encore à Douvres le 17 au soir, lorsque lord Withworth y a débarqué vers les onze heures du soir ; il m'a prévenu le lendemain matin ; je lui ai rendu une visite, et il a voulu absolument me conduire au lieu de l'embarquement ; il m'a comblé de démonstrations. Il m'a assuré qu'il partait pour Londres avec la ferme intention de porter son gouvernement à la conciliation. » Avant de quitter Londres, Andréossy constata que « l'opinion s'obstinait à croire la guerre impossible ou du moins peu désirable. Les marques des mêmes sentiments se sont manifestés sur toutes les figures de Londres à Douvres ; j'ai partout éprouvé des égards jusqu'au dernier moment. »

Andréossy quitta l'Angleterre le 18 mai 1803 et fut à Paris le lendemain.

Le résultat négatif de l'ambassade d'Andréossy ne saurait nullement lui être imputé ; il avait au contraire la souplesse et l'esprit nécessaires dans ce poste difficile.

Les documents qu'on a lus prouvent que malheureusement les Anglais n'eurent pas tous les torts. Ils acceptaient l'annexion définitive du Piémont à la France, mais pas l'occupation indéfinie et sans motif plausible d'Utrecht, et surtout de Flessingue, qui constituait une menace permanente pour la sûreté de l'Angleterre ; enfin, ils offraient l'évacuation simultanée de Malte et de la Hollande et ne demandaient que l'île de Lampédouze. Bonaparte n'y consentit jamais et préféra déchaîner une guerre dont il croyait avoir besoin pour se faire proclamer empereur (1).

(1) J. R. SEELEY, *A short history of Napoleon*, 1886. Dans cet ouvrage qui jouit d'une grande faveur et qui est fort sévère pour Napoléon, Seeley donne comme principale cause de la rupture de la paix d'Amiens la publication du rapport Sébastiani. « Ce rapport, outre qu'il offensa l'Angleterre, lui fit garder Malte. »

Ce n'est pas complètement exact ; la publication de ce rapport ne fut qu'un incident comme nous l'avons vu, le vrai motif fut la non-évacuation de la Hollande.

Seeley ne dit pas un mot des négociations de 1806, 1808 et 1810.

CHAPITRE X

MAUVAIS PROCÉDÉS RÉCIPROQUES. ARRESTATION DE DIPLOMATES

Comme il fallait s'y attendre, ausitôt la rupture accomplie, le premier consul éprouva le besoin de se justifier auprès des cabinets européens. Au tsar, il envoya un mémoire avec deux pièces annexes, dans lesquelles il n'est pas dit un mot de l'occupation de la Hollande, véritable cause de la guerre. Auprès du roi du Portugal, du pape, du landammann suisse et du roi de Prusse, il accusa l'arrogance et l'injustice des Anglais qui n'avaient aucune limite (1). Mais, il ne chercha pas à convaincre l'empereur d'Autriche de la justice de sa cause; car il avait laissé protester sa signature relativement au traité de Lunéville et à la convention de la Haye.

Les deux belligérants, aigris par cette longue discussion diplomatique, se portèrent sans tarder à des actes que réprouvent le droit des gens et l'humanité.

(1).*Correspondance de Napoléon*, 6748, 7032-33, 17 mai, 23 août 1803.

Le 16 mai, le roi d'Angleterre déclara l'embargo et fit délivrer des lettres de marque. En vertu de ses ordres, les Anglais saisirent en rade d'Audierne, le 20 mai, deux vaisseaux marchands français et firent leurs équipages prisonniers. Pour se venger, le premier consul fit mettre en prison tous les Anglais qui se trouvaient en France. Il y en avait un millier; la plus grande partie appartenait à la noblesse et à l'armée. Cet acte arbitraire et sans précédent dans l'histoire fut jugé sévèrement par les contemporains. Le cabinet anglais, dans une lettre du 15 juin 1803, adressée à Talleyrand, soutient que les non-combattants et les sujets anglais résidant sur le territoire français ont été arrêtés contrairement au droit international. Bonaparte allègue que les vaisseaux de guerre britanniques ont saisi des vaisseaux français avant que les hostilités eussent effectivement commencé et la guerre eût été officiellement déclarée. Le cabinet anglais répond que c'est une ancienne coutume, qu'il en a toujours été ainsi, témoin la capture de 1755, et qu'il est d'usage admis d'établir une distinction entre les personnes habitant la terre ferme et ceux qui se trouvent à bord de vaisseaux en pleine mer. Ce raisonnement des Anglais est vrai quant à l'usage établi, mais il est faux en droit commun. La conduite des deux belligérants en cette occasion est aussi injustifiable d'un côté que de l'autre. Mais, en fait, les Anglais ne saisirent que quelques matelots et passagers, tandis que Bonaparte mit en prison une partie de l'élite de la société britannique.

En plus de cela, il commit une action honteuse. Nous l'avons déjà vu très peu respectueux du caractère diplomatique ; il mit le comble à la mesure en faisant arrêter lord Elgin et sir James Crawfurd. Le premier, ambassadeur et envoyé extraordinaire du roi George à Constantinople, revenait en Angleterre sur une frégate anglaise ; gravement atteint par la maladie, il prit terre à Marseille, afin de gagner Calais par la route la plus courte. Il obtint des passeports de lord Withworth, et se trouvait de passage à Paris, le 23 mai. On l'arrêta. En vain, argua-t-il de son immunité diplomatique, du caractère sacré d'un ambassadeur, de son cas spécial de maladie. Talleyrand lui répondit par ordre de Bonaparte que son arrestation était juste (1), et il alla grossir dans les forteresses le nombre de ses compatriotes. La conduite de lord Elgin envers la France pendant la campagne d'Égypte ne justifie pas cette mesure, car il était alors à Constantinople, ambassadeur d'une puissance en guerre avec nous (2).

Sir Crawfurd, ministre d'Angleterre à Copenhague, regagnant son pays, quitta Paris le 8 mai,

---

(1) *Loc. cit.*, Angleterre, correspondance, t. 601, f°· 285, 293 et 297.

(2) Conf. notre étude *la Mission de Sébastiani à Constantinople en 1801*, in *Revue d'histoire diplomatique* de juillet 1903.

tomba malade à Calais. Se trouvant revêtu des mêmes immunités que lord Elgin, il fut également mis en prison.

Bonaparte poussa l'indignité jusqu'à faire arrêter à Calais le sieur Mandeville, secrétaire de lord Withworth, et le personnel de l'ambassade de Paris, qui allaient s'embarquer. Les bagages de l'ambassadeur furent également saisis, et on ne les relâcha que sur la menace du cabinet anglais de garder ceux du général Andréossy à Londres. Le premier consul dut ressentir un violent dépit de n'avoir pu retenir l'ambassadeur d'Angleterre lui-même.

Un fait plus extraordinaire se passa l'année suivante. Le chevalier sir George Rumbold, ministre d'Angleterre auprès du gouvernement de Hambourg, villégiaturait dans sa villa située sur la rive droite de l'Elbe, c'est-à-dire dans le cercle de Basse-Saxe, appartenant au roi de Prusse. Nos troupes occupaient la rive gauche. Dans la nuit du 7 au 8 octobre 1804, quelques fantassins et quinze gendarmes passent l'Elbe en bateau, pénètrent dans la maison de Rumbold et l'enlèvent (1).

Napoléon se disculpa de cette nouvelle violation du droit des gens, commise sur le territoire d'une nation neutre, ce qui l'aggravait beaucoup, en disant que Rumbold espionnait pour le compte

---

(1) *Loc. cit.*, Angleterre, correspondance, t. 602, f° 342.

du gouvernement anglais et cherchait à débaucher nos soldats. C'est vrai (1), car ce diplomate était le digne émule de Drake à Munich et de Spencer Smith à Stuttgard. Mais cela n'était pas une raison pour violer le territoire prussien, et Bonaparte, dont les agents à l'étranger espionnaient comme les autres et même plus que les autres, aurait pu se dispenser de faire arrêter Rumbold. Sur une réclamation énergique du roi de Prusse, il le fit relâcher le 30 octobre.

. . . .

Les traitements dont Napoléon fut victime à Sainte-Hélène, la dure contrainte personnelle exercée sur lui par les Anglais, n'avaient pas pour objet de prévenir une évasion ou un enlèvement, rendus impossibles par la disposition des lieux et la croisière. Albion, qui aime à se venger, lui faisait expier sa conduite de 1803 envers des diplomates dont il avait méconnu le caractère sacré.

(1) Les pièces de cette affaire ne sont pas intéressantes, elles se trouvent aux archives des affaires étrangères, Angleterre, supplément, t. 15.

LES NÉGOCIATIONS DE 1806
RESPONSABILITÉ DE LEUR ÉCHEC

CHAPITRE XI

OUVERTURES INTEMPESTIVES DE NAPOLÉON.
LA LETTRE DE FOX

Aussitôt qu'il fut monté sur le trône, Napoléon tenta une démarche directe auprès du roi d'Angleterre; il lui écrivit, le 2 janvier 1805, pour lui proposer de mettre un terme aux hostilités. L'empereur fait appel aux sentiments pacifiques bien connus de George III, et insiste sur la nécessité d'assurer le repos et la tranquillité de la nombreuse famille royale d'Angleterre. La lettre, portée par un enseigne de vaisseau à bord d'un brick de la croisière anglaise, en face de Boulogne, parvint à lord Harrowby, sous-secrétaire d'État aux affaires étrangères (1).

Cette ouverture venait trop tôt; les deux nations

---

(1) *Correspondance de Napoléon*, 8252.

commençaient à peine la guerre et se préparaient à la faire terrible : Napoléon, en accumulant ses forces au camp de Boulogne pour tenter une descente ; l'Angleterre, en nouant les fils de la troisième coalition. La réponse ne se fit pas attendre. Le 14 janvier, le cabinet anglais la donnait en ces termes :

« Il n'y a pas d'objet que Sa Majesté ait autant à cœur que de saisir la première occasion de rendre à ses sujets les bienfaits de la paix, sur des bases en rapport avec la sûreté et l'intérêt de ses possessions. Cet objet, Sa Majesté en est persuadée, ne peut être obtenu que par des arrangements qui puissent en même temps assurer la sécurité et la tranquillité de l'Europe et la garantir contre le retour des dangers et des misères dans lesquelles elle a été entraînée. En conformité avec ce sentiment, Sa Majesté estime impossible de donner aucune réponse particulière à l'ouverture qu'elle a reçue, jusqu'à ce qu'elle ait eu le temps de communiquer avec les puissances continentales, avec lesquelles elle est engagée par relations et alliances, et spécialement avec l'empereur de Russie, qui a donné les plus fortes preuves des sentiments de sagesse et de dignité dont il est animé et de l'intérêt qu'il prend à la sûreté et à l'indépendance de l'Europe (1). »

---

(1) *Loc. cit.*, Angleterre, correspondance, t. 602, f° 369.

La proposition de Napoléon était peut-être moins sincère que celle qu'il fit dans des conditions analogues, lors de son avènement au consulat; le refus du roi George avait au moins le mérite de la franchise.

. . . .

Lorsqu'au cours d'une longue guerre, les belligérants se font réciproquement des propositions de paix, que des négociations se poursuivent et que leur résultat est nul, il est d'usage que chaque parti rejette sur l'autre la responsabilité de l'échec et l'accuse de mauvaise foi. Cela se produisit d'une manière frappante à l'issue des pourparlers qui eurent lieu entre Napoléon et George III, au lendemain d'Austerlitz.

Le roi d'Angleterre, dans sa déclaration du 21 octobre 1806, imputa à son adversaire le mauvais résultat des négociations, et Napoléon, en publiant cette déclaration dans le *Moniteur* du 26 novembre, répondit par des observations qui mettaient au compte du cabinet de Saint-James tout l'odieux de la continuation de la guerre.

M. Thiers (1) expose à grands traits ces événements et adopte à peu près ce dernier parti, de même que, dans l'affaire de la rupture de la paix d'Amiens, en 1803, il donne raison au premier consul.

---

(1) *Histoire du Consulat et de l'Empire*, t. IV, p. 440 et suiv.

L'examen des documents relatifs aux négociations de 1806 permet-il d'obtenir la lumière complète et d'établir nettement les responsabilités de leur échec?

Napoléon fit publier dans le *Moniteur* du 26 novembre 1806 une partie de ces documents, mais il en laissa volontairement de côté un certain nombre et non les moins intéressants. *The Corbett's Parliamentary debates* (1) donnent la traduction anglaise de plusieurs pièces, et on peut leur adresser le même reproche qu'au *Moniteur*. Il est donc impossible, d'après ces seules publications, de trancher impartialement et à fond cette question, et il faut avoir recours aux archives des affaires étrangères et du Foreign office.

On sait de quelle manière inattendue s'ouvrirent les pourparlers. Pitt venait de mourir et avait été remplacé à la tête du ministère britannique par Fox, titulaire du portefeuille des affaires étrangères et partisan de la paix. Pourtant lord Grenville, lord Howich, M. Windham, membres du dernier cabinet, continuaient d'occuper leurs postes dans la nouvelle combinaison.

Le 6 mars 1806, Talleyrand reçut de Fox la lettre suivante, qui lui était adressée par l'entremise de Jacobi Kloest, ministre de Prusse à

---

(1) Papers relative to the negociation with France. Presented to both houses of Parliament; in Corbett's *Parliamentary Debates*, vol. VIII, col. 92 et suiv.

Londres, et du consul de Prusse à Rotterdam. Les ministres étrangers en Hollande servaient, comme au siècle précédent, d'intermédiaire entre la France et l'Angleterre, lorsque ces deux couronnes étaient en guerre (1).

« Downing Street, 20 février 1806.

« Monsieur le Ministre,

« Je crois de mon devoir, en qualité d'honnête homme, de vous faire part le plus tôt possible d'une circonstance assez étrange qui est venue à ma connaissance. Le plus court sera de vous narrer tout simplement le fait comme il est arrivé. Il y a quelques jours qu'un quidam m'annonça qu'il venait de débarquer à Gravesend sans passeport, et qu'il me pria de lui en envoyer un parce qu'il venait directement de Paris et qu'il avait des choses à m'apprendre qui *me feraient plaisir.*

« Je l'envoyai chercher, et il arriva chez moi le lendemain ; je l'entretins tout seul dans mon cabinet, où après quelques discours peu importants, ce scélérat eut l'audace de me dire que pour tranquilliser toutes les couronnes, il fallait faire mourir le chef des Français, et que pour cet objet on avait loué une maison à Passy, d'où l'on pouvait exécuter à coup sûr et sans risque ce projet détestable. Je n'ai

---

(1) Cf. notre ouvrage *l'Alliance franco-hollandaise contre l'Angleterre, 1734-1788*, 400 p. in-8°, chez Plon-Nourrit, 1902.

pas bien entendu si ce devait être par le moyen des fusils en usage, ou bien par des armes à feu d'une construction nouvelle. Je n'ai pas honte de vous avouer, à vous, Monsieur le ministre, qui me connaissez, que ma confusion était extrême de me trouver dans le cas de converser avec un assassin déclaré. Par suite de cette confusion, je lui ordonnai de me quitter instamment, donnant en même temps des instructions à l'officier de police qui le gardait de le faire sortir du royaume au plus tôt.

« Après avoir réfléchi plus mûrement sur ce que je venais de faire, je reconnus la faute que j'avais faite en le laissant partir avant que vous en fussiez informé, et je le fis retenir.

« Il y a apparence que tout ceci n'est rien et que le misérable n'a eu autre chose en vue que de faire le fanfaron en promettant des choses qui, d'après sa façon de penser, *me* feraient plaisir.

« En tous cas, j'ai cru qu'il fallait vous avertir de ce qui s'est passé avant que je le renvoyasse, nos lois ne nous permettant pas de le détenir longtemps, mais il ne partira qu'après que vous ayez eu tout le temps de vous mettre en garde contre ses attentats, supposé qu'il ait encore de mauvais desseins; et lorsqu'il partira, j'aurai soin qu'il ne débarque que dans quelque port le plus éloigné possible de la France. Il s'est appelé ici Guillet de la Gevrillière, mais je pense que c'est un faux nom. Il n'avait pas un chiffon de papier à me montrer; à son premier abord, je lui fis l'honneur de le prendre pour un espion (1).

« J'ai l'honneur, etc.

Signé : Fox (2). »

En même temps que cette lettre officielle, Fox envoyait à Talleyrand une lettre particulière, qui est la première de toute une série de correspondances amicales échangées entre les deux ministres à l'occasion de ces négociations. Elle est assez curieuse pour être citée.

« J'ai deux mots à ajouter à ma lettre, Monsieur, pour vous dire que mes collègues sans exception pensent tout comme moi sur l'affaire en question. Quoiqu'il ait été jugé expédient que je vous écrivisse en mon nom, je puis vous assurer que les sentiments de ma lettre sont entièrement approuvés non seulement par les autres ministres, mais aussi par le roi mon maître. Lorsque je contai à Sa Majesté ce que j'ai eu l'honneur de vous communiquer, elle montra une émotion aussi vive que naturelle et semblait on ne peut pas plus pénétrée

---

(1) Cet individu fut arrêté à Paris et mis au Temple à la fin de mai; Fouché en avisa Talleyrand le 29 seulement; il osa affirmer que c'est Fox qui lui avait fait la proposition de tuer l'empereur, lorsqu'il le rappela pour la seconde fois du port de Gravesend. *Loc. cit.*, t. 603, f° 78.

(2) On sait que quelques mois après la conclusion de la paix d'Amiens en 1802 Fox vint à Paris : il y fut reçu comme un ami de la France, et avec de grandes manifestations de sympathie par toutes les classes de la société. Ses deux entrevues avec le premier consul sont bien connues et ont été racontées en détail.

de toute l'horreur qu'une pareille relation est faite pour inspirer à un cœur généreux.

« Si je me suis servi des termes chef des Français, je vous prie de croire que ce n'est pas par manque de respect; mais il ne serait guère séant qu'en écrivant comme secrétaire d'État, j'en eusse agi autrement dans la situation actuelle des deux cours.

« Faites-moi la grâce de me rappeler quelquefois à votre souvenir particulier, et priez de ma part le maréchal Berthier, de vouloir bien en faire autant.

« Agréez tous mes hommages.

« C. T. Fox (1). »

Cette lettre est aussi bien écrite que bien pensée; en tout cas on devait voir dans cette démarche du cabinet anglais une invite à des propositions pacifiques. Il fit donc le premier pas. Napoléon ne se formalisa point du titre de chef des Français. « Vous le connaissez trop éclairé et trop vraiment grand, répondit Talleyrand, pour ne pas regarder comme son véritable titre d'honneur celui de chef de la nation française que vous lui donnez. Il s'écria : « Je
« reconnais là les principes d'honneur qui ont
« toujours animé M. Fox, un des hommes les plus
« faits pour sentir en toute chose ce qui est beau, ce
« qui est vraiment grand. »

(1) Archives Affaires étrangères de Paris, manuscrits, Angleterre, correspondance, t. 603, f° 15.

En même temps, Talleyrand avisait Fox que les dispositions de Napoléon étaient pacifiques, mais sans ajouter un mot de plus (1). Saisissant la balle au bond, le cabinet anglais proposa par retour du courrier, non une trêve incertaine, mais une paix sûre et durable. Il offrait d'en discuter de suite les conditions, et même d'arranger provisoirement quelques-uns des points principaux, en attendant l'intervention d'un plénipotentiaire russe, car l'Angleterre ne pouvait traiter sans la Russie, étant liée par ses engagements avec cette puissance.

« Vous voyez, Monsieur, conclut Fox, comme on est disposé ici d'aplanir toutes les difficultés qui pourraient retarder la discussion dont il s'agit. Ce n'est pas assurément qu'avec les ressources que nous avons, nous ayons à craindre la continuation de la guerre; la nation anglaise, de toute l'Europe, est celle qui peut-être souffre le moins de sa durée, mais nous n'en plaignons pas moins les maux d'autrui. Faisons donc ce que nous pouvons pour les finir, et tâchons, s'il se peut, de concilier les intérêts respectifs et la gloire des deux pays (2). »

La lettre particulière jointe faisait ressortir encore davantage le désir du roi et du cabinet de faire la paix et demandait la mise en liberté de

---

(1) *Loc. cit.*, Angleterre, correspondance, t. 603, f° 20. Talleyrand à Fox, 5 mars 1806, et f° 19, lettre particulière.

(2) *Loc. cit.*, Angleterre, correspondance, t. 603, f° 29. Fox à Talleyrand, 26 mars 1806,

trois nobles anglais détenus à Verdun depuis 1803, en compagnie d'un grand nombre de leurs compatriotes.

Dans sa réponse du 1er avril, Talleyrand, après une dissertation longue et diffuse sur les avantages de la paix, proposa au roi d'Angleterre de nommer un plénipotentiaire pour se rendre à Lille. Des passeports pour lui étaient annexés à la lettre, et aussitôt l'acceptation du roi connue, Napoléon en enverrait un de son côté au même endroit.

« Vous voyez, Monsieur, que nous sommes expéditifs en affaires, ajoutait le ministre dans sa lettre particulière à Fox. Vous ne douterez pas de tout le plaisir que j'ai à vous dire que le ton de vos lettres a tout à fait plu à l'empereur. Cette disposition n'est-elle pas le meilleur de tous les présages? (1) ».

Malheureusement pour la paix du monde, Napoléon n'était pas tout à fait sincère; il prétendait bien traiter avec l'Angleterre, mais pas tout de suite; étant donnée la tendance actuelle du ministère britannique, les préliminaires de paix auraient été signées avant un mois (2), si l'empereur l'avait voulu. Or, il était à cette époque tout plein d'idées relatives au rétablissement de l'Empire d'Occi-

(1) *Loc. cit.*, Angleterre, correspondance, t. 603, f. 33. Talleyrand à Fox, 1er avril 1806.
(2) Cf. LUMBROSO, *Napoleone e l'Inghilterra*, Roma, 1897. L'auteur ne croit pas à la bonne foi de Napoléon dans cette occasion.

dent, sous forme de royautés vassales conférées à ses frères, et de la confédération du Rhin pour ce qui concernait les princes allemands. Joseph avait été nommé roi de Naples le 5 janvier précédent, et les Anglais consentaient à le reconnaître, à condition de dédommagement pour le roi et la reine de Naples réfugiés en Sicile. Mais l'œuvre de Napoléon n'était pas terminée en avril 1806; la confédération du Rhin n'avait pas encore reçu de sanction définitive, Louis ne s'était pas encore assis sur le trône de Hollande. On se souvient que l'occupation indéfinie de ce pays par le premier consul en 1803 fut la véritable cause de la rupture de la paix d'Amiens. Or, les Anglais ne semblaient pas plus disposés en 1806 qu'en 1803 à voir la Hollande tomber définitivement aux mains de Napoléon sous la forme d'une royauté vassale. L'empereur voulait donc les placer en présence du fait accompli, et pour y arriver, comme leurs offres pacifiques venaient quelques mois trop tôt, il résolut de faire traîner les négociations jusqu'au couronnement de son ouvrage.

CHAPITRE XII

L'EMPEREUR TEMPORISE

Fox présenta bientôt involontairement à l'empereur un prétexte à temporiser ; dans sa dépêche du 8 avril, il constate « qu'un esprit conciliatoire manifesté de part et d'autre est déjà un grand pas vers la paix ; puis il demande que l'intégrité de l'Empire ottoman soit spécifiée dans le traité (1), et émet le vœu que la Russie prenne part aux négociations. » Seulement son désir de traiter est si grand qu'il ajoute, afin d'éviter toute perte de temps résultant de la distance : « Dès que vous consentirez à traiter *provisoirement*, jusqu'à ce que la Russie puisse intervenir, et *dès lors* conjointement avec elle, nous sommes prêts à commencer, sans différer d'*un seul jour*, la négociation en tel lieu et sous telles formes que les parties jugeront le plus propre.

La Prusse venait d'accepter le Hanovre (2) des

(1) On craignait déjà en Angleterre que l'empereur et Alexandre ne fissent leur paix en 1806, aux dépens de l'empire ottoman, comme cela arriva un an plus tard à Tilsit.
(2) George III, roi d'Angleterre, était en même temps électeur

mains de Napoléon, qui croyait s'attacher indissolublement la cour de Berlin; elle se trouvait dans une posture gênante vis-à-vis des Anglais (1). Néanmoins, cela ne semblait pas à Fox de nature à empêcher la signature des préliminaires avec la France. « L'insulte que la Prusse nous a faite n'ajoute rien aux difficultés de la négociation, d'autant plus que ce n'est pas de vous que nous nous plaignons. Vous êtes en guerre avec nous, c'est tout simple que vous tâchiez de nous faire du mal. Pour la Prusse, c'est bien autre chose, en pleine paix, après les déclarations les plus solennelles; en vérité, cela fait mal au cœur (2). »

Pour calmer cette peine cuisante et en même temps faire une bonne affaire commerciale, les Anglais capturèrent trois cents vaisseaux de commerce prussiens.

Napoléon saisit avec avidité le prétexte d'atermoiement que lui offrait l'Angleterre, et fit dire, avec huit jours de retard, qu'il refusait d'admettre la Russie dans la négociation, pour le motif suivant : « Lorsque la guerre a éclaté en 1803 entre

---

de Hanovre. Pour s'attacher la Prusse, mais plutôt pour la brouiller à fond avec l'Angleterre, Napoléon, qui ne prévoyait pas ces ouvertures pacifiques, avait renouvelé le 15 février 1806 avec Frédéric-Guillaume le traité de Schœnbrun qui lui donnait le Hanovre.

(1) Cf. Manifeste de George III contre la Prusse du 20 avril 1806. *Loc. cit.*, t. 603, f° 38.

(2) *Loc. cit.*, Angleterre, correspondance, t. 603, f° 50. Fox à Talleyrand, 16 avril 1806.

la France et l'Angleterre, la Russie était en paix avec la France, et bien plus, l'empereur Alexandre a déclaré qu'il était dans l'intention de rester étranger aux débats entre les deux nations. » Il nous est impossible de suivre Talleyrand dans la longue exposition des motifs qui empêchent la France d'accepter la conégociation avec la Russie. C'est une discussion stérile, pleine d'arguments contestables et qui dénote le parti pris de gagner du temps (1).

Fox répondit, par retour du courrier : « Nous voulons la paix; nous sommes alliés à la Russie; si nous traitons sans elle, nous serons exposés au reproche d'avoir manqué à la fidélité et aux engagements. » Partant de ce point de vue assez juste, il réfute les arguments contenus dans la lettre de Talleyrand du 16, avec un certain succès, et s'en tient à la présence des Russes dans la négociation. Dans sa lettre personnelle, Fox déplore l'échec des pourparlers et annonce le renvoi en France du vaincu de Trafalgar, l'amiral Villeneuve, et de sa suite, en échange des lords anglais élargis par Napoléon (2). Cette lettre dénote un réel chagrin, et il y aurait partialité à ne pas le constater.

Mais si l'empereur ne voulait pas traiter de suite,

(1) *Loc. cit.*, Angleterre, correspondance, t. 603, p. 53. Talleyrand à Fox, 16 avril 1805.
(2) *Loc. cit.*, Angleterre, correspondance, t. 603, f° 62. Fox à Talleyrand, 21 avril 1803.

il ne prétendait pas rompre, afin de ne pas supporter devant l'opinion publique la responsabilité de la continuation de la guerre. Cette pensée l'occupa constamment dans toutes les négociations qu'il entreprit jusqu'en 1814, savoir : s'arranger de manière à rejeter sur l'adversaire l'opprobre dont il était le seul coupable.

Le 16 mai, il envoie ce billet à Talleyrand : « Si vous n'avez pas fait partir la réponse pour M. Fox, je pense qu'il faut attendre encore huit jours (1). » Il attend dix-sept jours, et enfin se décidant à ne pas maintenir plus longtemps ses prétentions au sujet de la Russie, il répond le 2 juin : « Nous proposons une transaction d'après les principes suivants : le premier, tiré de la lettre de Fox du 26 mars, savoir : que les deux États auront pour objet que la paix soit honorable pour eux et pour leurs alliés respectifs, en même temps que cette paix sera de nature à assurer autant qu'ils le pourront le repos de l'Europe; le second principe sera une reconnaissance en faveur de l'une et de l'autre puissance de tout droit d'intervention et de garantie pour les affaires continentales et maritimes (2). » Napoléon proposait enfin de négocier dans les mêmes formes préliminaires qui furent adoptées

---

(1) *Loc. cit.*, France, t. 1777, f° 26. Cette lettre ne figure pas dans la collection imprimée intitulée : *Correspondance de Napoléon* (1863).

(2) *Loc. cit.*, Angleterre, correspondance, t. 603, p. 82. Talleyrand à Fox, 2 juin 1806.

sous le ministère du marquis de Rockingham, en 1782 (1).

Le cabinet anglais manifesta de nouveau son désir de traiter en acceptant sur-le-champ et avec enthousiasme les deux principes posés par la France. Ce mode de négocier plaisait d'autant plus à Fox qu'étant ministre à l'époque des pourparlers de 1782, il l'avait préconisé (2).

Ici entre en scène lord Seymour, comte de Yarmouth. Prisonnier à Verdun, depuis le début de la guerre, ce jeune seigneur avait été mis en liberté par une décision de l'empereur du 23 mai 1806, en même temps qu'un certain nombre de ses compatriotes (3). Il vint à Paris, s'empressa de rendre visite à Talleyrand, avec lequel il s'était lié d'amitié, et reçut de ce ministre les assurances les plus formelles des dispositions pacifiques de l'empereur.

Dépositaire des projets du ministre anglais en vue de la pacification, lord Yarmouth ne resta que quelques jours à Paris et alla s'embarquer à Mor-

(1) Il s'agit de la paix de Versailles, conclue entre la France, l'Angleterre, la Hollande et les États-Unis d'Amérique, et qui mit fin à la guerre d'Amérique. L'Angleterre se trouvait alors seule contre trois, exactement comme nous étions en 1806, isolés contre deux puissances; mais la situation était retournée.
(2) *Loc. cit.*, Angleterre, correspondance, t. 603, f° 89. Fox à Talleyrand, 14 juin 1806.
(3) Jusqu'à la date du 20 juin 1806, 79 Anglais, 132 femmes et 53 enfants avaient été renvoyés en Angleterre par des décisions successives. *Loc. cit.*, Angleterre, correspondance t. 603, f° 79; état nominatif. Il y avait à cette époque environ 820 prisonniers anglais a Verdun.

laix pour la Grande-Bretagne (1), dans le but de s'entendre avec Fox et de demander des pouvoirs à George III.

La cour de Londres ne perd pas un instant, et, dès le 14 juin, Fox annonce par un billet à Talleyrand le retour prochain du négociateur : « Yarmouth a toute ma confiance; tout ce qu'il vous dira, vous pouvez croire que c'est moi-même qui vous le dis. »

Lord Yarmouth revint à Paris accompagné de sa femme, le 17 juin, à cinq heures du soir, descendit dans un hôtel de la rue Cérutti, rendit immédiatement visite à Talleyrand, et le soir même assista à la représentation de l'Opéra. Pendant les jours qui suivirent, il ne voulut recevoir personne, sauf M. de Montron; mais il alla voir ceux auxquels il avait des communications à faire. Puis les conférences commencèrent avec Talleyrand, et dès le début lord Yarmouth augura très bien de leur réussite (2). Les nouvellistes s'exerçaient sur les bases des propositions anglaises et tout Paris était dans l'attente d'une prompte solution (3). Les

---

(1) Archives nationales, F7, 3753. Bulletin de police du 2 juin 1806.
(2) Le récit de ces conférences est exposé en détail par M. Thiers, *loc. cit.*, t. VI, p. 441 et suiv. Les archives des Affaires étrangères n'en contiennent nulle trace. Talleyrand, dans ses Mémoires, t. I, p. 305, rapporte simplement ceci : Après deux ou trois conférences avec Yarmouth, Fox, pour être agréable à lord Grenville, chef nominal du cabinet, adjoignit lord Lauderdale à lord Yarmouth.
(3) Archives nationales, F7, 3753. Bulletins de police du 18 au 30 juin.

bruits de paix avec l'Angleterre prenaient de plus en plus consistance.

Seulement, si Talleyrand et Yarmouth parlaient beaucoup, ils n'aboutissaient pas à se mettre d'accord sur les conditions de la paix. La Sicile formait le thème ordinaire de leurs entretiens et l'obstacle insurmontable à un arrangement.

En lui envoyant, le 26 juin, ses pleins pouvoirs (1), Fox mandait à Yarmouth comme condition *sine qua non* de la paix que cette île, occupée actuellement par les Anglais et gouvernée par l'ex-roi de Naples Ferdinand, devait rester en possession de ce souverain.

Talleyrand, posant, dès le début, l'*uti possidetis* comme base de la négociation, avait dit à Yarmouth en parlant de la Sicile : « Vous l'avez, nous ne vous demandons rien. » Mais, Napoléon, pour des motifs stratégiques et pour compléter son ouvrage, voulait qu'elle fût réunie au royaume de Naples, sous le sceptre de Joseph Bonaparte. Talleyrand dut, en conséquence, revenir sur ses premières déclarations. Yarmouth très ennuyé demanda de nouvelles instructions et Fox lui répondit, le 5 juillet, qu'il était impossible à l'Angleterre de céder sur ce point; et qu'il s'étonnait beaucoup de la versatilité de Talleyrand (2).

---

(1) Ces pouvoirs sont rédigés en latin, dans une forme archaïque.
(2) Corbett's *Parliamentary Debates*, vol. VIII, col. 92. Fox à

Talleyrand et Yarmouth ne pouvaient donc s'entendre et ce mode de faire traîner les négociations plaisait trop à l'empereur pour qu'il n'en profitât point. Par son ordre, notre ministre des relations extérieures offrait des compensations pour l'ex-roi de Naples : les villes hanséatiques d'abord, puis l'Albanie, Raguse, la Dalmatie. Yarmouth menaça de retourner séance tenante à Londres, si l'empereur persistait à vouloir chasser Ferdinand de Sicile; Talleyrand parvint à lui faire prendre patience.

En même temps que le négociateur anglais transmettait à Fox ces propositions d'indemnités, il l'avisait de l'arrivée d'Oubril à Paris, avec mission de négocier la paix directement entre la France et la Russie (1).

Talleyrand annonçait à Napoléon, le 11, que lord Yarmouth s'était montré convaincu de la force et de la justesse des motifs qui poussaient l'empereur à réclamer la Sicile, et qu'il lui avait promis d'écrire à Fox pour exposer ses raisonnements en faveur de cette solution. Yarmouth devait même, au dire de Talleyrand, lui apporter sa lettre à Fox le lendemain matin avant de l'envoyer en Angleterre (2). Lord Yarmouth avait

---

Yarmouth, 26 juin et 5 juillet 1806, et *Archives du Foreign office* : F. O. France, 73.

(1) Corbett, *loc. cit.*, Yarmouth à Fox, 9 juillet 1806.
(2) Pierre Bertrand, *Lettres de Talleyrand à Napoléon*, p. 241, 11 juillet 1806.

peut-être promis au ministre d'agir ainsi, mais il ne le fit point; en effet il n'écrivit rien à Fox le 12 juillet ni les jours suivants, et ne le fit que le 19, pour annoncer que Clarke allait être nommé plénipotentaire pour conférer avec lui (1).

A moins d'admettre que la lettre de Yarmouth du 12 juillet ait été dissimulée par le cabinet anglais lors de la publication des pièces de la négociation, il faut croire que Talleyrand abusait son maître sur ses rapports avec le négociateur britannique.

(1) CORBETT, *loc. cit.*, t. VIII. Yarmouth à Fox, 9 et 19 juillet 1806.

CHAPITRE XIII

L'ANGLETERRE CÈDE SUR LA QUESTION DE LA SICILE

Bien plus que tous les arguments de Talleyrand, une lettre envoyée par d'Oubril à Fox modifia les idées du cabinet britannique sur la Sicile et fit promptement cesser son intransigeance. D'Oubril se croit autorisé à déclarer que le tsar accepterait une indemnité pour l'ex-roi de Naples en échange de la Sicile, et le comte Strogonoff, ministre de Russie à Londres, fait des insinuations concordantes. La question de la Sicile est ainsi tranchée pour le cabinet anglais; il pourra donner satisfaction à Napoléon sans manquer à ses engagements envers la Russie et la dynastie sicilienne. Le 18 juillet, Fox écrit donc à Yarmouth que l'Angleterre abandonnera la Sicile à Joseph, si l'ex-roi de Naples consent à recevoir une indemnité, non pas en Albanie, qui appartient à la Turquie, mais en Dalmatie, avec une partie de l'Istrie et la ville de Venise, si possible. La Russie, dit-il, verrait cela d'un bon œil, car ainsi la Dalmatie échapperait à

Napoléon, mais il doute que ce monarque consente jamais à cette solution. Yarmouth sondera Talleyrand sur ce point et se concertera avec d'Oubril pour mener la négociation de concert avec lui (1).

Yarmouth n'a rien ignoré des pourparlers entre l'envoyé d'Alexandre et Talleyrand. Qu'on en juge. Le Russe est arrivé à Paris, le 5 juillet; il est malade et ne peut quitter l'hôtel de la rue Grange-Batelière dans lequel il est descendu. Aussitôt, Yarmouth se rend chez lui; il y retourne le lendemain, y va deux fois dans l'après-midi du 8; et jusqu'au départ d'Oubril ne manque pas un seul jour d'aller le voir, « soit à pied, soit en voiture ». Seulement comme la maîtresse de lord Yarmouth, une dame Saint-Amand, loge dans le même hôtel que d'Oubril, la police ignore, au début, si c'est à elle ou au diplomate russe que lord Yarmouth rend de si nombreuses visites. Il les partageait sans doute entre les deux personnes : affection de cœur d'un côté, liaison politique de l'autre. On sut d'une manière certaine cependant qu'il resta chez d'Oubril le 13 juillet jusqu'à deux heures du matin; et que le 22, jour du départ du Russe, il passa la nuit entière avec lui (2), puis à

(1) Corbett, *loc. cit.*, t. VIII. Fox à Yarmouth, 18 juillet 1806.
(2) Archives nationales, F7 3753. Bulletin de police du 19 juin au 22 juillet 1806. La femme de lord Yarmouth se promenait, paraît-il, le soir très tard aux Champs-Élysées avec « un particulier qu'on croit être M. de Montron ». C'est celui qui vivait dans l'intimité du ménage, toujours d'après les rapports de police.

quatre heures du matin, le mit dans la voiture qui devait l'emmener en Russie.

Vers le milieu de juillet, Napoléon modifie sa conduite vis-à-vis de l'Angleterre; il désire causer plus sérieusement. Maintenant, il peut s'occuper des propositions anglaises; le 5 juin, Louis a été proclamé roi de Hollande, la confédération du Rhin est organisée, et il est bien décidé, en plaçant les Anglais en présence du fait accompli, à les forcer d'accepter ses propositions définitives ou à continuer la guerre pour consolider son ouvrage. Mais, considération encore plus décisive, Talleyrand vient de signer un traité de paix avec d'Oubril (21 juillet).

La conclusion de ce traité, surpris à la faiblesse (1) et à l'empressement exagéré du Russe, n'était pas un moyen de favoriser l'entente avec l'Angleterre, désireuse de ne conclure qu'en commun avec le cabinet de Saint-Pétersbourg. Yarmouth a essayé de calmer l'impatience d'Oubril; la veille même de la conclusion du traité, il a forcé sa porte et lui a adressé de suprêmes objurgations; tout fut inutile (2).

En effet, ce traité stipulait l'abandon de la Sicile

---

(1) METTERNICH, dans ses *Mémoires*, t. I, p. 32, se flatte d'avoir pu modifier les dispositions d'Oubril. « Si j'étais arrivé à temps à Paris, mon influence aurait en effet empêché le jeune et inexpérimenté négociateur de se compromettre d'une manière aussi mortifiante pour lui.

(2) CORBETT, *loc. cit.*, vol. VIII. Yarmouth à Fox, 20 juillet 1806.

à Joseph, en échange des îles Baléares pour le prince royal de Naples et d'une indemnité pécuniaire pour le roi et la reine détrônés. Napoléon qui, depuis quatre mois, amusait les Anglais afin de terminer son arrangement avec le tsar, supposait que ce monarque s'empresserait de ratifier le pacte conclu par d'Oubril et que les Anglais, mis encore une fois en face du fait accompli, donneraient leur adhésion à la cession de la Sicile. Il le croyait d'autant plus que l'article 9 portait que la France acceptait les bons offices de la Russie pour faire sa paix avec l'Angleterre. Cette condescendance marquée envers l'empereur Alexandre, le rôle d'arbitre qu'on lui donnait, devaient flatter ce prince et enlever son consentement au traité.

Mais était-ce bien le moyen d'obtenir l'accord avec l'Angleterre, dont la fierté serait outragée qu'on eût traité sans elle et presque contre elle avec la Russie? L'événement sembla pourtant confirmer dans une certaine mesure les prévisions de l'empereur. Le cabinet de Londres dissimula son dépit, adressa des représentations pour se plaindre qu'on eût traité à son insu, mais manifesta de nouveau le désir de s'entendre avec nous. A la vérité, Fox reproche à Yarmouth d'avoir produit trop tôt ses pouvoirs, car il ne devait le faire que lorsqu'il serait d'accord avec Talleyrand sur les bases de la pacification, bases qui n'ont pas encore été fixées le 20 juillet. Quant au traité avec la Russie, il le regrette vivement, mais après tout, puisque le roi d'Angleterre se trouve dégagé de tout contrat avec le tsar, il peut traiter pour lui seul. Afin de faciliter ce résultat, Yarmouth demanda à Talleyrand des passeports pour un négociateur officiel, chargé de conclure la paix à Paris (1).

Ce négociateur est lord Lauderdale.

L'empereur, en son for intérieur, ne croyait pas au succès des négociations; il écrivait à Joseph, le 15 juillet : « Je crois que les négociations avec l'Angleterre n'iront pas à bien. Elle s'est mis dans la tête de conserver la Sicile à l'ancien roi de Naples. Cette clause ne peut me convenir (2). » Trois semaines auparavant, il lui avait déjà dit : « Les Anglais vous reconnaîtraient roi de Naples, mais n'ayant pas la Sicile, ils ne peuvent vous reconnaître. La paix avec l'Angleterre serait faite si vous étiez maître de la Sicile (3). »

Nous avons vu que les Anglais, contre l'attente de Napoléon lui-même, avaient capitulé quelques jours plus tard sur la question de la Sicile.

Ne pouvant ajourner indéfiniment la nomination d'un plénipotentiaire pour discuter avec lord Yarmouth, Napoléon a désigné le général Clarke le lendemain même de la signature du traité avec d'Oubril, feignant ainsi de ne considérer qu'à cette

---

(1) CORBETT, *loc. cit.*, vol. VIII. Fox à Yarmouth, 26 juillet 1806.
(2) *Correspondance de Napoléon*, t. XIII, 10490.
(3) *Correspondance de Napoléon*, t. XIII, 10395, 21 juin 1806.

date la négociation comme réellement ouverte avec l'Angleterre (1).

Remarquons en passant que depuis le 1ᵉʳ avril aucune proposition concrète sur les conditions de la paix n'a été faite par l'empereur ; tout s'est passé en conversations entre Talleyrand et Yarmouth, et s'est résumé à des échanges de lettres assez ternes avec Fox.

La nomination de Clarke va-t-elle imprimer aux pourparlers une direction résolue dans le sens de la conclusion ? Un billet de ce plénipotentiaire donne quelques indications sur leur marche. « Il paraît que lord Yarmouth ne fera pas de dépêche sans que M. Talleyrand la voie. Il veut en faire une qui annonce seulement que je suis chargé de la négociation et qui demande des instructions sur le fait des îles Baléares particulièrement. Je crois Surinam gagné, mais la difficulté est Pondichéry. Si M. Talleyrand veut me voir, il faut qu'il me reçoive à l'instant, car je vais à Saint-Cloud pour des modifications stipulant le nombre des troupes à mettre à Pondichéry, et vraisemblablement je n'obtiendrai rien. Un mot verbalement pour Mallet (2).

En envoyant lord Lauderdale à Paris, avec la mission bien déterminée de signer la paix, le cabinet anglais manifesta l'intention de donner à la

---

(1) *Loc. cit.*, Angleterre, correspondance, t. 603, fº 103. Lettre nommant Clarke plénipotentiaire.

(2) *Loc. cit.*, Angleterre, correspondance, t. 603, fº 105. Clarke à Talleyrand, 24 juillet 1806.

négociation un caractère plus officiel et plus sérieux encore que par le passé. On a écrit que Fox, dans la crainte de voir Yarmouth, ami personnel de Talleyrand, succomber à son ascendant et se laisser circonvenir comme d'Oubril, lui envoya Lauderdale comme correctif (1).

Les instructions, en date du 2 août 1806, données à lord Lauderdale et dont le *Foreign Office* a bien voulu nous communiquer une copie (2), mettent à néant cette supposition. Leur étendue nous empêche d'en publier la traduction complète; nous nous bornerons à mettre en relief les points principaux et à résumer les autres.

Fox rappelle d'abord que la France, après avoir posé au début l'*uti possidetis*, à l'exclusion du Hanovre, comme base de la négociation, base acceptée par le cabinet anglais, a réclamé qu'une

---

(1) ARMAND LEFEBVRE, *Histoire des cabinets de l'Europe de 1800 à 1815*, t. IV, p. 337 : « En envoyant lord Lauderdale, le cabinet anglais voulait arrêter Yarmouth dans l'impulsion pacifique, et dès ce moment il voulait rallumer la guerre. » Les documents qu'on va lire infirment aussi cette assertion. D'ailleurs, le passé de lord Lauderdarle répondait de son zèle pour la paix. D'un séjour en France, en 1792, et de ses liaisons d'amitié avec Brissot, ce personnage rapporta une affection remarquable pour la France et fut dans le Parlement le champion résolu de la paix. Ses luttes de 1803 à 1806 furent empreintes d'une violence excessive, et il leur dut de n'être point réélu comme lord représentatif pour l'Écosse. Il rentra en faveur quand Fox reprit le pouvoir, en janvier 1806. Lord Lauderdale avait une compétence remarquable pour les questions financières et écrivit plusieurs ouvrages sur ce sujet. Sa biographie le représente comme un caractère violent, causeur abondant, excentrique, mais plein de finesse.

(2) Sur la demande de M. Paul Cambon, ambassadeur de France à Londres.

exception en faveur de la Sicile fût faite à ce principe.
La négociation allait échouer sans l'intervention
d'Oubril; sur ses instances, lord Yarmouth a continué les pourparlers en recherchant quel équivalent
pourrait être accordé au roi Ferdinand en échange
de la Sicile. Après une digression sur le manque de
bonne foi de Napoléon, qui a repoussé la base de
l'*uti possidetis* après l'avoir proposée lui-même, et
sur ses menaces à l'adresse de l'Autriche, de l'Espagne et du Portugal, les instructions continuent
ainsi :

« La base originelle sur laquelle la négociation
a été commencée est celle à laquelle vous devez
constamment revenir. Pourtant le gouvernement
français peut vous faire remarquer, et cela est vrai,
qu'une négociation conduite d'après le principe de
l'*uti possidetis* n'exclut pas la prise en considération
d'échanges consentis mutuellement et d'après des
principes justes et équitables. C'est en partant de
ce principe que Sa Majesté a consenti à rechercher
si un équivalent pouvait être offert et accepté pour
la Sicile.

« La compensation offerte par le traité avec la
Russie (traité d'Oubril) est insuffisante à tous
égards. Elle est même injurieuse pour le roi Ferdinand, car elle propose que la couronne soit trans-
férée à son fils et qu'une pension soit accordée au
roi dépossédé. Sa Majesté n'est liée par aucun traité
avec le roi de Sicile; néanmoins elle ne peut con-

sentir à l'arrangement proposé. Il serait donc nécessaire qu'une autre compensation fût accordée par la France à Sa Majesté sicilienne avant que la cession de cette île fût consentie. L'idée de la déposséder et de lui substituer son fils ne peut être admise..

« Si la France est encore désireuse d'obtenir la Sicile par voie d'échange, elle doit faire de nouvelles propositions, soit dans la forme exposée ci-dessous, soit autrement. »

Fox repousse comme incompatible avec la sécurité de l'Angleterre la prétention de Napoléon que les îles Baléares, la Sardaigne ou les autres îles formant la compensation pour la Sicile, soient occupées par des troupes exclusivement espagnoles. Il est inutile de songer à donner la Corse au roi de Sicile : la Sardaigne doit rester à son souverain actuel. L'idée de placer les villes hanséatiques sous le sceptre du roi dépossédé est inacceptable ; leur indépendance doit être garantie par les deux parties. « L'augmentation de l'indemnité doit être recherchée, autant que nous pouvons le conjecturer, dans l'Amérique du Sud, ou dans les Indes Occidentales (les Antilles). » Le principe de l'*uti possidetis* s'applique à Sainte-Lucie, au Tabago, et aux établissements hollandais de l'Amérique du Sud, à moins qu'on ne donne un équivalent à l'Angleterre. Les réclamations de la France concernant Gorée et Pondichéry ne sont pas de nature à arrêter la négociation. L'intégrité de la Suède, de l'Espagne et du Portugal sera garantie. « Ces instructions doivent être considérées comme la volonté bien arrêtée de ce gouvernement; il ne s'en écartera pas; si vous ne pouvez obtenir des conditions de paix d'après ces principes, votre mission sera terminée. Si, au contraire, la France semble disposée à consentir à ces propositions, ou à quelques autres semblables, vous ne manquerez pas de donner toute facilité au rétablissement de la paix, objet qui tient tant au cœur de Sa Majesté. »

De ces instructions se dégage un désir sincère d'aboutir à un arrangement. L'Angleterre laissait la Sicile à Napoléon, et ne réclamait, en somme, qu'une indemnité convenable pour le roi détrôné; avouons que l'offre des îles Baléares était dérisoire; et elle conseillait de la chercher en Amérique plutôt qu'en Europe, ce qui eût bien simplifié la question; car l'Espagne n'avait plus la force d'élever la voix pour défendre son patrimoine du nouveau monde. Mais Napoléon, qui ne voulait pas affaiblir l'Espagne sur laquelle il avait déjà des vues de conquête, était résolu à trouver en Europe l'indemnité de Ferdinand de Sicile. Fâcheuse politique, qui a été la cause de l'échec des négociations de 1806. Les instructions de lord Lauderdale ne diffèrent pas, dans le fond, de celles contenues dans la lettre de Fox à Yarmouth du 18 juillet; elles les confirment même en les précisant; il faut donc renoncer à voir dans lord Lauderdale un correctif de lord Yarmouth.

Ami de Fox, wigh convaincu et partisan de la paix avec la France, lord Lauderdale apporta dans les pourparlers plus de formes, plus de raideur que lord Yarmouth, mais rien ne fut changé dans leur marche générale. Que cette raideur toute britannique nuisît dans une certaine mesure à la facilité des transactions, on peut l'admettre; mais le comte d'Hauterive n'est-il pas sévère quand il appelle Lauderdale « un vrai pantin, sans jugement, sans esprit » et lui reproche d'avoir mené les négociations « sans suite, par une correspondance qui est un vrai chaos (1) » ?

(1) *Loc. cit.*, Angleterre, supplément, t. 21, f° 119, 29 novembre 1806. Rapport du comte d'Hauterive, chef du premier bureau des relations extérieures.

CHAPITRE XIV

LE PROJET DE TRAITÉ ANGLAIS
DU 31 JUILLET 1806.

Accueilli à Calais par d'unanimes manifestations de sympathie, et arrivé à Paris le 5 août, lord Lauderdale donna immédiatement communication de ses pouvoirs et le lendemain les conférences commencèrent avec Clarke, auquel de Champagny, ministre de l'intérieur, venait d'être adjoint.

Le 7 août, Lauderdale et Yarmouth remirent une note aux plénipotentiaires français ; elle débutait ainsi :

« Le roi d'Angleterre ayant trouvé que les circonstances (la paix signée avec d'Oubril le 20 juillet) lui permettaient de traiter séparément, c'était avec bien du plaisir qu'il recevait la proposition de traiter généralement sur la base de l'*uti possidetis*, qu'on devait observer scrupuleusement, excepté dans le cas du Hanovre, qu'on se proposait de céder à Sa Majesté en entier..... Le soussigné déclare qu'il ne peut pas consentir à traiter autrement que sur le principe de l'*uti possidetis, comme originairement proposé par la France. L'adoption du principe n'empêchera pas d'écouter à une indemnité juste et satisfaisante à Sa Majesté Sicilienne pour la cession de la Sicile.* A la vérité, la paix entre la Russie et la France a été conclue depuis la proposition de cette base par la France : si ce principe paraissait raisonnable et juste auparavant, il ne peut pas manquer à présent d'être encore plus favorable aux intérêts de la France qu'à ceux de l'empire britannique (1). »

Cette note sanctionnait en quelque sorte un projet de traité en vingt articles patents et huit articles secrets émanant de Yarmouth et qui avait été remis le 31 juillet à l'empereur par Champagny (2).

Ce projet est aux archives des Affaires étrangères ; il constitue un document du plus haut intérêt, car il énonce les conditions auxquelles les Anglais étaient résolus à signer la paix en août 1806, et que Napoléon refusa d'accepter sur-le-champ, bien qu'elles donnassent satisfaction à ses désirs ; nous verrons plus loin pourquoi. La correspondance générale de Napoléon (3) en contient une copie ; elle est jointe à un billet de Napoléon à Talleyrand que nous mentionnerons ultérieurement,

(1) *Loc. cit.*, Angleterre, correspondance, t. 603, f. 122.
(2) Archives nationales, AF^{iv} 1673. Champagny à l'empereur, 31 juillet 1806.
(3) *Correspondance*, vol. XIV, 10604. Napoléon à Talleyrand, 6 août 1806.

et provient, est-il dit, du Foreign Office. On ne peut donc douter de son authenticité.

Or, ce projet ne figure ni dans l'exposé de la négociation avec l'Angleterre, publié par Napoléon dans le *Moniteur* du 26 novembre 1806, ni dans celui du 15 décembre 1810 relatif au même objet. Il est facile de saisir le motif de cette omission ; l'empereur ne voulait pas avouer avoir refusé de signer sur-le-champ un traité si avantageux. Aucun des historiens de Napoléon ne mentionne ce document, bien que son importance soit considérable. Le cabinet anglais le dissimula aussi, quand il publia le 22 décembre 1806 les pièces relatives à ces négociations (1). Il ne pouvait, en effet, reconnaître, vis-à-vis du Parlement anglais, avoir offert inutilement pendant deux mois à la France des conditions si avantageuses, surtout Fox étant mort.

Dans les grands débats à la Chambre des communes des 2 et 5 janvier 1807, sur les négociations avec la France, il ne fut fait aucune allusion à ce projet ; mais à l'ouverture de la discussion devant la Chambre des pairs, lord Grenville déclara que les documents soumis à la Chambre présentaient quelques omissions ; et que l'on ne pouvait tout publier sans faire injure à la nation anglaise et à

---

(1) CORBETT, *Parliamentary Debates*, vol. VIII, du 15 décembre 1806 au 4 mars 1807, imprimé en 1807, colonnes 92 et suivantes, 259 et suivantes.

ses alliés ; pour un motif de sûreté nationale, les instructions remises à lord Yarmouth et Lauderdale étaient aussi tenues sous silence.

Nous avons vu qu'elles étaient conformes aux dispositions contenues dans ce projet.

Mais ce qu'il était impossible de publier en 1806 devenait possible soixante ans plus tard; voilà pourquoi la correspondance de Napoléon contient le projet de traité du 31 juillet 1806, sur la communication du Foreign Office.

Il convient de rappeler ici les clauses de ce projet de traité. Les trois premiers articles ont trait à la cessation des hostilités et à l'échange des prisonniers. Les articles 4 et 5 sont les plus importants.

Art. 4. — Par suite des circonstances, la famille qui régnait à Naples et en Sicile devant obtenir d'autres états, les hautes parties contractantes se réuniront et se concerteront au sujet du nouvel établissement de cette famille.

Art. 5. — Sa Majesté le roi d'Angleterre *reconnaît le prince Joseph-Napoléon de France en qualité de roi des Deux-Siciles*, le prince Louis-Napoléon en qualité de roi de Hollande, les rois d'Étrurie, de Bavière, de Wurtemberg, les grands-ducs de Bade, de Clèves, de Hesse-Darmstadt, le prince de Neufchâtel et les arrangements faits par la France en Italie jusqu'à jour, desquels il a été donné connaissance.

(C'était la ratification offerte par l'Angleterre de

toutes les conquêtes napoléoniennes, de la Confédération du Rhin, de tous les établissements des princes de sa famille.)

Art. 6. — Sa Majesté l'Empereur reconnaît Sa Majesté le roi d'Angleterre comme souverain de Hanovre, et avec toutes les possessions dont il jouissait avant la présente guerre.

Art. 7. — Le présent traité est commun au roi d'Espagne, aux rois des Deux-Siciles, de Hollande, de Suède, d'Étrurie et aux princes indiqués dans l'article 5.

Art. 8. — Le roi d'Angleterre restitue à l'Empereur et au roi de Hollande toutes les possessions qui leur appartenaient, et ce à l'exception du cap de Bonne-Espérance.

Art. 9. — L'Empereur, au nom du roi de Hollande, renonce au cap de Bonne-Espérance, et le roi d'Angleterre s'engage à y former un port franc ouvert aux vaisseaux de toutes les nations.

Art. 10. — L'intégrité des États de Sa Majesté le roi de Suède est maintenue.

Art. 11. — Restitution sera faite aux contractants des parties de leurs possessions perdues par suite des événements de guerre, au moment de la signature du présent traité ou subséquemment.

Art. 12. — Les deux parties contractantes se garantissent réciproquement l'indépendance entière de l'Empire ottoman.

Art. 13. — L'ordre de Malte sera dissous, et

l'Empereur ne s'oppose plus à ce que les îles de Malte, Goze et Camino restent la propriété de l'Angleterre.

Art. 14. — L'Empereur renonce, au nom du roi des Deux-Siciles, à tous droits de suzeraineté sur Malte, Goze et Camino.

Art. 15. — Le roi d'Angleterre déclare que la garnison anglaise à Malte n'excédera pas trois mille hommes; les bâtiments des puissances barbaresques ne pourront être admis dans les îles de Malte, Goze et Camino, lorsqu'elles seront en guerre avec la France ou les Deux-Siciles.

Art. 16. — La garnison française de Pondichéry n'excédera pas trois mille hommes.

Art. 17. — La République des Sept-Iles est reconnue (îles Ioniennes).

Art. 18. — L'Empereur déclare qu'il ne sera porté aucune atteinte à l'indépendance et à l'intégrité de la Suisse, régie par l'acte de médiation du...

Art. 19. — Les territoires du Roi Très Fidèle (Portugal) seront maintenus dans leur intégrité, tels qu'ils étaient en vertu du traité existant entre la France et le Portugal.

Art. 20. — Les ratifications seront faites dans le mois, etc., etc.

Articles secrets. — L'article premier a seul une réelle importance.

L'Empereur et l'empereur de Russie s'étaient

engagés à obtenir de la cour de Madrid la cession des îles Baléares pour le prince royal, fils du roi Ferdinand IV, pour en jouir, ainsi que ses héritiers et successeurs avec le titre de roi, en dédommagement de Naples et de la Sicile. Le roi d'Angleterre ne s'oppose point à cet arrangement, qu'il promet d'avoir pour bon et agréable; il demeure convenu, en outre, que le futur roi des îles Baléares ne pourra recevoir dans ces îles, soit en temps de paix, soit en temps de guerre, aucune troupe étrangère, excepté les troupes espagnoles (1).

L'article II concède le titre de roi du Hanovre au roi d'Angleterre.

Art. 3. — L'Empereur et le roi d'Angleterre réuniront leurs efforts pour qu'il soit accordé en Allemagne, au roi de Prusse, une indemnité territoriale, comprenant une population de 400,000 âmes en échange de Clèves, Anspach et Neufchâtel.

Art. 4. — Relatif aux pensions à faire par l'Angleterre aux chevaliers de Malte sur les revenus de l'île.

Art. 5. — Le roi d'Angleterre, en témoignage de ses intentions amicales envers la France, déclare qu'il a résolu d'interdire aux membres de la famille de Bourbon l'entrée de l'Angleterre proprement dite, et qu'en cas que sa cour se rendrait

(1) Cet article est en contradiction avec les instructions de Lauderdale, mais il permet de supposer que Fox, désirant conclure la paix à tout prix, aurait finalement donné son consentement à cet arrangement.

soit en Irlande, soit en Écosse, il ne permettrait pas que les membres de cette famille approchassent de la cour de plus de quarante milles anglais.

Art. 6. — Le roi d'Angleterre déclare qu'il est dans son intention de fixer au Canada et de ne pas souffrir dans ses possessions d'Europe les principaux ex-chouans qui pourraient lui être désignés par le gouvernement français.

L'article 7 contient l'engagement pris par les deux partis de faire cesser dans leurs États les invectives, personnalités et ce qui pourrait vouloir inférer soit dans les feuilles périodiques, soit dans tout autre écrit, leurs états respectifs.

Art. 8. — Les dispositions de l'art... sont déclarées communes aux habitants des possessions de Sa Majesté Britannique en Allemagne, lorsqu'ils voudraient en sortir dans l'espace de trois ans.

Ce projet, présenté, comme nous l'avons dit, par Yarmouth, dans les derniers jours de juillet, fut renvoyé par l'Empereur à Talleyrand le 6 août, avec un billet où il dit que cette rédaction lui paraît encore loin de sa maturité. Il y avait fait ajouter des notes marginales, réclamant la suppression de l'article 4, qui faisait, selon lui, double emploi avec l'article 5, et aussi celle de la mention du roi d'Étrurie et du prince de Neufchâtel dans les articles 5 du traité patent, et des arrangements faits en Italie, sous prétexte qu' « il ne faut pas que les Anglais se mêlent des affaires d'Italie plus que Sa Majesté ne se mêle des affaires de l'Inde (1) ».

On voit que Napoléon voulait discuter sur la forme de quelques articles, mais les acceptait quant au fond. Il n'en pouvait être autrement, puisqu'ils portaient la cession de la Sicile à Joseph, la restitution des colonies hollandaises sauf le Cap, en un mot donnaient pleine satisfaction aux ambitions de Napoléon. Il fallait se hâter de signer ce traité, le plus tôt possible, avec lord Lauderdale, qui était arrivé à Paris la veille à midi, 5 août (2), comme on l'a vu plus haut.

La note remise par les deux diplomates anglais, le 7 août (voir p. 117), leur semblait être le corollaire nécessaire du projet de traité, puisqu'elle faisait ressortir les avantages multiples qu'il concédait à la France et surtout la bonne volonté du cabinet anglais en ce qui concernait les Bourbons, les chouans et les gazettiers.

On est saisi d'étonnement quand on lit la réponse que Napoléon fit le lendemain à la note anglaise, et quand on découvre les motifs mis en avant par lui pour éluder momentanément la conclusion d'un accord si favorable à la France. En termes diffus et filandreux, il nie que la France ait

---

(1) *Correspondance de Napoléon*, t. XIV, 1064. Observations à Talleyrand sur le traité de paix avec l'Angleterre, 6 août 1806.
(2) Archives nationales, F⁷ 3753, 6 août 1806.

jamais accepté le principe de l'*uti possidetis*, chicane sur les termes du projet du traité et conclut ainsi : « Sa Majesté estime à déshonneur la seule idée d'une négociation basée sur *l'uti possidetis* et s'en tiendra aux deux principes exposés dans la lettre du 2 juin de M. Talleyrand à M. Fox (1).

Quel déshonneur y avait-il pour la France à traiter sur la base de la possession réelle réalisée par elle en août 1806, quand elle avait conquis la Hollande, l'Italie, Naples, quand elle dominait l'Allemagne par la confédération du Rhin, quand enfin les Anglais lui offraient la Sicile en échange d'un groupe d'îles appartenant... à l'Espagne ? Presque tous les traités conclus l'ont été après des négociations dont l'*uti possidetis* formait la base, et il n'est jamais venu à la pensée de personne de la considérer comme injurieuse.

Napoléon exprimait le regret, dans sa note du 8, que des notes écrites fussent échangées entre les négociateurs; les conférences exclusivement verbales présentaient en effet plus de facilités pour faire traîner les débats et ne laissaient pas de traces derrière elles (2). Mais Lauderdale, qui voulait conclure par amour-propre d'abord et

---

(1) *Loc. cit.*, Angleterre, correspondance, t. 603, f° 126. Clarke à Lauderdale, 8 août 1806. Voir plus haut, page 100, la réponse de Talleyrand à Fox, 2 juin.

(2) C'est bien heureux, car des conférences verbales il n'est rien resté et sans les notes écrites conservées aux affaires étrangères il serait impossible d'établir les responsabilités.

parce qu'il craignait que Fox, alors malade d'une fistule, ne mourût avant la fin des négociations, Lauderdale résista au désir de l'empereur et continua le système des notes écrites.

« Pardon, écrivit-il, le lendemain 9, à Clarke, la demande de la base de l'*uti possidetis* est fondée sur les paroles mêmes de M. de Talleyrand à lord Yarmouth. Il lui a dit : « Nous ne vous demandons « rien », et a accompagné cette phrase d'assurances positives que la restitution des possessions allemandes de Sa Majesté (le Hanovre) n'éprouverait aucune résistance. Le même sentiment se trouve également exprimé dans la lettre de M. de Talleyrand à Fox du 1er avril, contenant ces termes : « l'Empereur n'a rien à désirer de ce que possède « l'Angleterre. »

Lauderdale ne savait que penser, la mauvaise foi de Napoléon lui semblait évidente, et il demanda ses passeports, puisqu'on ne voulait pas discuter sur une base de négociations acceptée au début.

CHAPITRE XV

LES NÉGOCIATEURS BRITANNIQUES PRISONNIERS.
COMÉDIE DIPLOMATIQUE

L'incident prend des proportions comiques. L'empereur ne répond pas à la note de Lauderdale du 9 août; le plénipotentiaire anglais la confirme et réclame un passeport pour son courrier qui doit partir pour Londres. Continuation du silence. Le 11, le diplomate anglais proteste en termes très énergiques contre cette violation du droit international, car il ne peut depuis trois jours correspondre avec son cabinet. C'est justement ce que veut l'empereur. En empêchant Lauderdale de communiquer avec Londres, il gagne du temps; il a résolu de ne signer le traité présenté par les Anglais que lorsque la ratification de celui du 20 juillet, conclu avec d'Oubril, aura été donnée par le tsar. Or, le courrier de Russie portant cette ratification ne peut arriver à Paris avant le 20 août au plus tôt. Cette résolution de l'empereur ne s'explique pas; car, même en admettant que le tsar eût refusé de ratifier le traité d'Oubril, l'empereur en signant, le 10 août, un arrangement avec Lauderdale eût donné la paix au monde, et alors le tsar se serait trouvé en présence du fait accompli, et aurait dû revenir sur son refus de ratification. La comédie doit donc encore durer une dizaine de jours, en admettant que le tsar réponde de suite et que le courrier n'ait pas de retard.

Le 11 au soir, Talleyrand daigne envoyer le passeport pour le courrier de lord Lauderdale et déclare « qu'il ne craindra jamais la responsabilité des lenteurs qui auront pour objet de prolonger de quelques jours l'espoir de pacifier le monde (1) ».

En réalité, les deux diplomates anglais étaient prisonniers, ils le comprirent; mais pour éviter un éclat qui eût rendu tout arrangement impossible, ils se résignèrent à leur sort.

L'empereur ne pouvant rejeter plus longtemps la base de l'*uti possidetis*, qu'il avait posée lui-même naguère parce qu'elle lui était éminemment favorable, fit mander subitement, le 11 août dans la soirée, qu'il l'acceptait, « parce qu'il la trouve conforme aux principes de la lettre du 26 mars à Fox et à celle du 2 juin de Talleyrand », et à la condition que les Anglais admettent le système des compensations (2). C'est justement ce que les Anglais établissaient par leur projet de traité, mais c'est tout le contraire de ce que l'empereur a

---

(1) *Loc. cit.*, Angleterre, correspondance, t. 603, f. 138.
(2) *Idem*, t. 603, f. 139. Clarke à Lauderdale.

écrit à Lauderdale quatre jours auparavant. Il est difficile de se retourner avec plus de désinvolture.

Au reçu de cette lettre, le 11 à onze heures du soir, Lauderdale répondit, séance tenante, qu'il était satisfait de la résolution de l'empereur, relative à l'*uti possidetis*, et attendait avec impatience la discussion du projet de traité. Le 12 (1), il dîna chez Talleyrand et eut une longue conférence avec lui ; il est probable que le ministre français exerça le charme habituel de son esprit et lui fit prendre patience, car le lendemain l'Anglais lui adressa le petit billet suivant : « Après l'entretien franc et amical que lord Lauderdale a eu hier soir avec M. de Talleyrand, il ne peut s'empêcher de lui exprimer les regrets de ce que la différence si considérable de sentiments entre les deux cours semble le laisser presque sans espoir de pouvoir jouir aussi longtemps qu'il l'aurait voulu d'une pareille société (2). » Talleyrand communiqua ce billet à Clarke, avec prière de prendre les ordres de l'empereur.

Le général, après avoir vu Napoléon, répondit à Talleyrand par la petite note typique que voici :

---

(1) L'avant-veille s'était passée une scène curieuse chez lord Lauderdale. Un agent des Bourbons s'était glissé jusque dans son cabinet, et lui avait fait des propositions. Il fut prestement éconduit et mis à la porte. Archives nationales, F⁷ 3753. Bulletin de police du 11 août 1806.

(2) *Loc. cit.*, Angleterre, correspondance, t. 603, f° 148.

« J'ai vu ce matin l'Empereur ; il a été content des détails que je lui ai donnés, mais ne trouvant pas que les choses sont assez prononcées, il veut attendre encore, gagner du temps. Je présente mes hommages et mes respects à Son Altesse M. le prince de Bénévent. Clarke (1). Paris, 13 août 1806, 1 heure après midi. »

Le 14, Lauderdale, inquiet de ne pas recevoir de réponse à sa note remise le 12 au matin, la confirme et, persuadé que le gouvernement français ne veut plus discuter, il demande ses passeports pour la seconde fois.

Les fêtes du 15 août empêchèrent naturellement les communications. Le 17, le négociateur demande des passeports pour lord Yarmouth. Dégoûté des lenteurs de Napoléon, ce plénipotentiaire avait sollicité sa cour de le rappeler, et George III s'était empressé de lui donner satisfaction. « La lettre de rappel est conçue dans des termes très bienséants pour la France, et le motif est attribué à ses opinions trop prononcées (2). »

Napoléon accorda sans délai les passeports de lord Yarmouth ; la présence d'un seul plénipotentiaire lui suffisait amplement ; la réponse de la Russie était attendue d'heure en heure, et si elle était conforme aux vues de l'Empereur, Lauder-

---

(1) *Loc. cit.*, Angleterre, correspondance, t. 603, f° 147.
(2) Archives nationales. AF^{iv} 1673. Talleyrand à Napoléon, 16 août 1806. Lord Yarmouth quitta Paris le 22, dans la journée.

dale serait encore là pour signer la paix. Cependant, le courrier n'arrivait pas. Cinq jours se passent. Lauderdale, le 22, « en présence du silence du gouvernement français depuis le 11 », réitère sa demande de passeports pour lui personnellement. Le 25, il s'indigne, il y avait de quoi : « Le silence constamment maintenu par Leurs Excellences les plénipotentiaires français et Son Excellence le Ministre des Relations extérieures, après les différentes notes et lettres du soussigné, des 11, 14 et 22 courant, semble indiquer clairement que le gouvernement français a abandonné tout désir de paix sur la base que lui-même avait déjà proposée et que le soussigné a uniformément déclarée être la seule et unique base sur laquelle il était autorisé à traiter avec ce gouvernement (1). » Finalement, il annonce qu'il se rendra le 27 chez Talleyrand, pour chercher personnellement ses passeports.

Le négociateur britannique se trompait lorsqu'il disait que Napoléon ne voulait plus traiter ; il le voulait encore à la date du 25 août. Sa lettre du 10 à Talleyrand le prouve (2), ainsi que celle du 22 dans laquelle on lit : « Cependant je ne verrais pas d'inconvénient que lundi prochain les ministres répondissent pour demander une conférence et

---

(1) Allusion à sa note du 7 août et au projet de traité. *Loc. cit.*, Angleterre, corresp., t. 603, f° 172.

(2) *Loc. cit.*, France, mémoires et documents, t. 1777, f° 97, et *Correspondance de Napoléon*, t. XIV, 10662.

qu'il s'en établit une sur les moyens d'arriver à un résultat (1). »

En conséquence, on invita Lauderdale à une conférence pour le 26 août ; un dîner la suivrait. Clarke et Champigny devaient accorder Malte et le Cap aux Anglais, ainsi que l'Amérique hollandaise, mais réclamer la restitution de Surinam ; si cette restitution était refusée, ils demanderaient en échange la réunion directe de la Hollande à la France et l'établissement des douanes françaises dans ce pays. En somme, ils avaient ordre de discuter beaucoup et surtout longtemps (2). Comme il fallait s'y attendre, on causa, mais on n'aboutit point, et on se sépara en se donnant rendez-vous pour le 29.

Le 27, Lauderdale dîna chez Talleyrand et eut avec lui une longue conférence, au cours de laquelle il lui avoua qu'il ne comptait point sur la ratification par la Russie du traité signé le 20 juillet par d'Oubril. Telle était aussi l'opinion de Talleyrand, exprimée dans une lettre à Napoléon, en date du 27, et dans laquelle il ajoutait que, selon lui, la paix serait impossible à conclure avec l'Angleterre si la Russie ne ratifiait pas le traité (3).

(1) *Correspondance de Napoléon*, t. XIV, 10683. Lettre à Talleyrand.
(2) *Loc. cit.*, Angleterre, correspondance, t. 603, f° 176 ; instruction aux plénipotentiaires français, 26 août 1806.
(3) P. Bertrand, *op. cit.*, p. 247. D'après cette lettre, lord Yarmouth était encore à Paris le 30 août, et continuait à négocier, tandis que les bulletins de police le font partir le 22.

Mais ce n'était que l'opinion personnelle d'un ministre, plus connu par sa légèreté que par la justesse de ses vues..

Napoléon décida de consacrer la conférence annoncée pour le 29 août à la discussion des moyens à employer pour faire restituer le Hanovre par la Prusse à l'Angleterre. Aucun thème ne pouvait être plus agréable à Lauderdale, et ne faciliterait davantage une prolongation de la discussion jusqu'à l'arrivée du courrier de Russie. On rechercherait aussi les compensations à accorder au roi Ferdinand de Naples pour la perte de la Sicile, la cession de cette île à Joseph étant intimement liée à la rétrocession du Hanovre à l'Angleterre. Enfin, on s'égarerait dans les questions incidentes, celles des colonies, par exemple, en choisissant les plus propres à fixer l'attention de Lauderdale (1).

On se conforma strictement aux ordres de l'Empereur, en causant longuement et amicalement. Toutes ces solutions répondaient si bien aux propositions anglaises contenues dans le projet de traité, que le négociateur britannique, plein de joie à cette nouvelle allure des plénipotentiaires français, se prêta de bonne volonté à ces discussions et, espérant une solution favorable, consentit à une nouvelle entrevue pour le 4 septembre (2).

(1) *Loc. cit.*, Angleterre, correspondance, t. 603, f° 192. Instruction aux plénipotentiaires français du 28 août 1806.
(2) CORBETT, *loc. cit.*, vol. VIII. Lauderdale à Fox, 30 août 1806.

Quelques jours avant, un incident pénible avait surgi entre les deux gouvernements. Une escadre anglaise croisait à l'embouchure de la Gironde; un canot du vaisseau *Revenge* fut envoyé pour aider à enlever un convoi. L'équipage de ce canot ayant été capturé par les Français, un des matelots qui le montaient fut envoyé devant le conseil de guerre, condamné à mort et fusillé, sous prétexte qu'il était Français. Lauderdale considéra cet incident comme un triste présage et un indice des mauvaises dispositions de Napoléon. Il adressa une note conçue dans un style très ferme, et prouva documents en mains que le matelot était Anglais. L'affaire n'eut pas de suite et ne pouvait pas en avoir, mais Talleyrand estima que « la réclamation de lord Lauderdale sur son matelot fusillé et l'appareil qu'il met à cette démarche est d'un homme qui, ayant été toute sa vie clubiste et déclamateur de tribune, ne sait pas qu'un événement qui forme une grande scène entre les deux partis n'est ordinairement qu'un incident que quelques informations plus précises et des explications modérées font évanouir en un instant (1) ». Il faut dire que la personne de lord Lauderdale était aussi antipathique à Talleyrand que celle de lord Yarmouth lui était agréable.

Le soir de la conférence du 29 août dont nous

---

(1) P. BERTRAND, *op. cit.*, p. 247.

avons parlé plus haut, Talleyrand adressa à l'empereur une lettre qui doit être mentionnée : « Les plénipotentiaires, dit le ministre, ont eu une longue conférence avec lord Lauderdale; le résultat est que cette conférence sera continuée jeudi prochain (4 septembre). Lord Lauderdale, qui est en ce moment chez moi, paraît avoir la faculté de conclure la paix sur les bases qu'il a proposées (le projet de traité remis à Napoléon le 31 juillet), ou sur des stipulations en approchant. Il paraît mettre beaucoup d'importance à l'indemnité du roi Ferdinand; il paraît moins tenir à Sainte-Lucie et à Gorée qu'aux autres possessions françaises et hollandaises. L'indépendance de la Hollande paraît ne lui être d'aucun prix (1). »

Ceci permet de constater qu'au commencement de septembre le cabinet anglais maintenait encore son projet de traité, si avantageux pour nous, malgré qu'il sût que l'empereur de Russie ne ratifiait pas le traité signé par d'Oubril. Et Napoléon, auquel la lenteur apportée à la réponse du tsar commençait à inspirer quelques doutes, n'en profita point pour signer la paix avec Lauderdale séance tenante !

(1) Archives nationales, AF^{iv} 1673. Talleyrand à Napoléon, 29 août 1806.

CHAPITRE XVI

LA COLÈRE IMPÉRIALE

Le 3 septembre arrive le courrier de Russie; le tsar refuse de ratifier la convention conclue par d'Oubril le 20 juillet. Cette nouvelle produit sur l'esprit de l'empereur une impression profonde. Sa colère est terrible, elle se traduit par un bouleversement de tous ses plans de paix. La Russie refuse d'accepter le traité, donc elle veut la continuation de la guerre; Napoléon la lui fera acharnée, et comme il est impossible de traiter avec l'Angleterre en restant en hostilités avec la Russie, les pourparlers avec Lauderdale seront rompus. Ce n'est pas assez de deux ennemis; la Prusse, dont la conduite louche depuis le traité de Schœnbrunn et les armements excitent la défiance de l'empereur, sera châtiée et recevra les premiers coups. Pour lui, la conduite de la Russie est concertée avec la Prusse et l'Angleterre, et cette dernière puissance n'a jamais voulu la paix sérieusement!

Talleyrand réclame des instructions le 3 septembre; il renchérit encore sur ces suppositions :

« Il est à présent de toute évidence, écrit-il à l'empereur, que l'Angleterre ne fera pas la paix. Les décisions de la Russie sont manifestement concertées avec le parti Grenville. Il paraît que jamais les communications n'ont été si importantes, ni si intimes entre l'Angleterre et la Russie qu'elles le sont aujourd'hui (1). »

Sans réfléchir aux conséquences qu'une telle démarche peut avoir sur la suite des négociations, Napoléon frappe sur le premier ennemi qu'il a sous la main ; cet ennemi, c'est lord Lauderdale. Il lui fait envoyer une lettre fulminante (2), dans laquelle il le prend personnellement à partie, l'accuse d'avoir fait prendre à la discussion jusque-là si calme une direction inattendue. « Les visites que prescrivaient les égards réciproques n'ont pas été faites par Lauderdale, et cependant ses demandes de passeports se renouvelaient d'heure en heure, les demandes d'explications des ministres de l'empereur restaient vaines ». L'empereur relève l'inconvenance des formes impérieuses et on peut dire sauvages qu'il n'avait pas craint d'adopter. « Il est impossible de conclure la paix avec un plénipo-

---

(1) Archives nationales, AF^{iv} 1674. Talleyrand à Napoléon, 3 septembre 1806.
(2) Cette lettre ne figure pas dans les Corbett's *Parliamentary Debates*, et Lauderdale n'y fait pas la moindre allusion dans ses lettres à son cabinet ; ou, s'il en fit mention, le cabinet la supprima dans la publication des pièces de la négociation. Par contre Napoléon n'eut pas honte de publier cette lettre dans le *Moniteur* du 26 novembre ; elle fut ainsi connue en Angleterre.

tentiaire dont toutes les demandes sont des offenses et toutes les démarches des traits d'hostilité. » En conséquence, Talleyrand a ordre de remettre à lord Lauderdale les passeports qu'il a demandés avec tant de persévérance.

Revenant, pour terminer, sur les procédés de lord Lauderdale, Napoléon parle des formes imposées par lui, du cercle de Popilius dans lequel il voulait enfermer les Français et finalement l'accuse d'avoir fait échouer la négociation (1).

Cette élucubration produite par la colère impériale était aussi fausse dans le fond qu'inepte dans la forme. Toutes les lettres et notes de Lauderdale que nous avons sous les yeux sont conçues dans des formes polies, mesurées et judicieuses. Sa qualité d'ennemi de la France ne doit pas rendre injuste pour lui. L'empereur ne ménageait pas les diplomates, nous le savons ; et la lettre à Lauderdale n'étonne donc pas outre mesure.

Malgré l'injustice du procédé, Lauderdale ne releva pas l'affront subi, ne crut pas devoir quitter Paris de suite ; c'est bien une preuve qu'il désirait conclure malgré tout. Le cabinet de Londres, en apprenant la non-ratification par la Russie du traité, enjoignit à lord Lauderdale de ne traiter désormais avec la France que pour la Russie et l'Angleterre réunies, car ces puissances se trouvaient remises

---

(1) *Loc. cit.*, Angleterre, corresp., t. 603, f° 212. Talleyrand à Lauderdale, 4 septembre 1806.

dans la situation respective qu'elles occupaient avant la signature du traité par d'Oubril (1). Lauderdale informa donc Talleyrand qu'il communiquerait sous peu aux négociateurs français les conditions auxquelles la Russie serait disposée à traiter avec la France et dans le cas où ces conditions seraient acceptées par l'empereur et l'Angleterre, il offrait de les rédiger en forme de traité et d'insérer dans le traité provisionnel entre la Grande-Bretagne et la France un article d'après lequel Sa Majesté Britannique s'engagerait à employer sa médiation pour obtenir l'accession de Sa Majesté l'empereur de Russie. Toutes les négociations subséquentes devaient être faites par écrit. Cette procédure était indispensable, car Lauderdale n'avait pas de pouvoir pour traiter pour la Russie.

Malheureusement ces propositions, qui permettaient à l'empereur de terminer ses guerres, en signant la paix en même temps avec les deux puissances, arrivaient trop tard.

Dès le 3 septembre, au reçu de la dépêche de Saint-Pétersbourg, il avait complètement renoncé à la paix ; la preuve en est dans la lettre que par son ordre Talleyrand écrivait à Champagny le 4, pour lui dire de remettre à une date indéterminée

---

(1) *Loc. cit.*, Angleterre, corresp., t. 603, f° 220. Lauderdale à Talleyrand, 13 septembre 1806, et CORBETT, *loc. cit.* Windham (suppléant Fox) à Lauderdale, 10 septembre 1806

la conférence qui devait avoir lieu le même jour avec Lauderdale (1). Dès ce moment, il affecte de considérer la négociation avec le cabinet anglais comme un objet indifférent et consacre toute son attention à la guerre avec la Prusse. Ses lettres à Joseph des 10, 13 et 17 septembre ne laissent aucun doute à cet égard (2). Enfin la « note sur l'état actuel de mes affaires » du 10 septembre ne contient que des instructions concernant la guerre de Prusse, la reprise de celle avec la Russie et pas un mot des négociations anglaises (3).

Cependant la rupture des pourparlers avec Lauderdale ne se produisit pas de suite. Ce diplomate tomba malade le 14 septembre, le lendemain du jour où il avait fait à Talleyrand la proposition d'un traité de paix conjoint avec la Russie ; mais, événement plus grave, Fox mourut le même jour. Dans le *Moniteur* du 15 décembre 1810, Napoléon, après avoir fait un éloge pompeux de Fox, continuait ainsi : « Tout faisait présager une heureuse issue des négociations, lorsque Fox mourut. Elles ne firent plus que languir, les ministres n'étaient ni assez éclairés, ni assez de sang-froid pour sentir

---

(1) *Loc. cit.*, Angleterre, correspondance, t. 603, f° 211.
(2) *Correspondance*, t. XIV, 10760, 10776, 10807. Dans celle du 13 il annonce que lord Yarmouth, à son retour à Londres, a été porté en triomphe par le peuple, à cause de ses sentiments pacifiques. C'est là une arme que Napoléon donne contre sa propre conduite et un argument en faveur du désir de traiter qu'avaient les Anglais.
(3) *Loc. cit.*, Angleterre, correspondance, t. 603.

la nécessité de la paix. L'Angleterre excita la Prusse. Lauderdale hésita, il crut devoir envoyer un courrier à sa cour, et ce courrier rapporta l'ordre de son rappel. » Cette opinion a été partagée par beaucoup de contemporains, et on attribue à l'intransigeance de lord Howich (1), successeur de Fox aux affaires étrangères, l'échec des négociations avec la France.

Nous allons voir ce qu'il y a de vrai dans cette assertion.

D'abord, depuis le 2 septembre, Fox ne dirigeait plus en personne la correspondance avec Lauderdale; lord Spencer, sous-secrétaire d'État pour l'intérieur, et M. Windham l'avaient suppléé. C'est par les ordres de Windham que le négociateur, malgré les insultes dont Napoléon l'avait abreuvé dans la lettre du 4 septembre, fit les offres du 13 septembre, pour un accommodement commun entre la France, l'Angleterre et la Russie, comme nous l'avons dit précédemment.

Jusqu'au 18 septembre, lord Lauderdale fut hors d'état de recevoir Talleyrand; enfin ce jour-là notre ministre put l'approcher et le trouva faible, mais mieux. « De ce que j'ai tiré de ma conversation, *c'est qu'il ne veut point rompre;* il désire que les négociations reprennent bientôt, il voudrait finir avant la rentrée du Parlement. Si on voulait leur donner

---

(1) Il était premier lord de l'Amirauté, et ne succéda à Fox aux affaires étrangères que dans le courant d'octobre.

Cuba, qui est aux Espagnols, ils rendraient Buenos-Ayres et il ne ferait plus aucune demande sur les colonies hollandaises. *En tout cas il est prêt à négocier.* Il lui faut deux jours pour se remettre tout à fait (1). » Cet aveu de Talleyrand, daté du 18 septembre, est à retenir.

En présence du désir si formellement exprimé par les Anglais d'arriver à une entente, l'empereur oppose une fin de non-recevoir astucieusement combinée. Il met en avant la question de forme. « Il continuera de discuter avec l'Angleterre *seule* et le plénipotentiaire anglais pourra faire insérer dans le traité, soit comme article patent, soit comme article secret, tout ce qu'il croira utile pour concilier les différends existant entre la France et la Russie. Il désire la paix et espère que les conditions présentées par lord Lauderdale seront conformes à la dignité et à la puissance des deux empires (2). »

C'était une feinte; car si réellement l'empereur avait désiré la paix à ce moment-là, pourquoi ne signait-il pas le traité si favorable pour lui dont le projet lui était soumis par les Anglais depuis le 31 juillet précédent?

Talleyrand porta lui-même cette note à Lauder-

(1) P. BERTRAND, *op. cit.* Talleyrand à Napoléon, 18 septembre 1806.
(2) *Loc. cit.*, Angleterre, correspondance, t. 603, f° 227. Talleyrand à Lauderdale, 18 septembre 1806, et CORBETT, *loc. cit.*, t. VIII. Lauderdale à lord Spencer, 19 septembre 1806.

dale, encore au lit, l'accabla de politesses et s'efforça ainsi d'atténuer ce qu'elle avait de désagréable. Toutefois, en la relisant, Lauderdale eut une lueur d'espoir ; il avait demandé *verbalement* à Talleyrand si, en signant la paix de suite avec Napoléon, la guerre contre la Prusse serait écartée ; il lui fut répondu également de vive voix que oui (1). Dans ces conditions on comprend la hâte et le désir extrême qu'avait Lauderdale de faire cesser immédiatement les hostilités entre la France et l'Angleterre. Il écrivit donc, en réponse à la note du 18, qu'il consentait à ce que l'empereur proposait, bien que cela ne fût pas absolument conforme à ses instructions (2). Lauderdale s'attendait à une réponse favorable et définitive ; cinq jours se passent, et le 25 au matin il apprend que Napoléon est parti pour Mayence, afin de prendre le commandement des troupes destinées à la guerre de Prusse. Clarke et Talleyrand vont partir également, la vision pacifique de Lauderdale est évanouie, ses plans sont renversés ; Napoléon, en se dérobant à la discussion, rend la conclusion de la paix impossible, et il dévoile ses intentions, jusque-là secrètes, d'écraser la Prusse avant de reprendre de nouvelles négociations.

(1) Ceci est prouvé par une lettre de Champagny à Napoléon du 10 décembre 1810 : Archives nationales AF^{IV} 1674.
(2) *Loc. cit.*, Angleterre, corresp., t. 603, f° 229. Lauderdale à Talleyrand, 19 septembre 1806.

CHAPITRE XVII

L'ÉPÉE DE LORD LAUDERDALE

Champagny, resté seul à Paris, doit poursuivre un simulacre de pourparlers jusqu'à ce que Lauderdale s'en aille de lui-même. Pour sauver les apparences, Talleyrand lui a laissé l'ordre de discuter sur Tabago, les possessions françaises, le Hanovre, qui sera restitué à l'Angleterre, le Cap, les îles Baléares, enfin Surinam. « L'empereur laisse à l'Angleterre son énorme puissance, son immense richesse, à la condition qu'elle rende Gorée et Sainte-Lucie à la France, et qu'elle restitue aux alliés de la France les possessions qui ne sont pas spécifiées dans la longue liste des cessions précédemment mentionnées; enfin la Sicile sera évacuée par les troupes britanniques et occupée par le roi Joseph (1). En ce qui concerne la Russie, qui n'a rien perdu dans la guerre, l'empereur lui abandonnera Corfou (2), pour indem-

---

(1) *Loc. cit.*, Angleterre, correspondance, t. 603, f° 242.
(2) Corfou avait été conquise par les Russes, qui l'occupaient encore à cette date.

niser le roi Ferdinand de Naples, et lui confirmera tous les avantages à elle concédés par le traité non ratifié du 20 juillet » (traité d'Oubril).

Constatons une dernière fois que ces propositions, à l'exception de l'indemnité du roi Ferdinand qui se trouvait transportée des îles Baléares à Corfou, cadraient avec les stipulations du projet anglais du 31 juillet. Champagny devait transmettre à Talleyrand, en Allemagne, le détail de ses entrevues avec Lauderdale et demander de nouvelles instructions, le cas échéant. Ainsi, aux difficultés d'une négociation épineuse entre trois nations et leurs alliés, s'ajoutait celle de la distance ; il faudrait dix jours au moins pour obtenir une réponse de l'empereur.

Le 25 septembre au soir, Champagny eut une conférence avec Lauderdale, et une autre le lendemain après midi. Malheureusement, de nouvelles instructions venaient d'arriver de Londres pour Lauderdale ; le cabinet anglais, en présence de la reprise très probable de la guerre avec la Russie et de l'éventualité presque certaine d'un nouveau conflit en Prusse, ne s'en tenait plus au projet de traité qu'il avait présenté pendant deux mois à l'empereur. Il réclamait maintenant la Dalmatie pour le roi Ferdinand de Naples, les Baléares étant données au roi de Sardaigne (1). Quant à la

---

(1) Ces propositions faites le 26 septembre par Lauderdale ne sont mentionnées ni dans le *Moniteur* du 26 novembre 1806, ni

Sicile, Lauderdale ne l'offrait plus aussi formellement que par le passé, mais il laissait entendre qu'on s'arrangerait sur ce point si la Dalmatie était évacuée par nous (1). Ainsi, à la fin de septembre 1806, Napoléon pouvait encore faire la paix, un peu moins avantageusement peut-être que quinze jours plus tôt, et c'était par sa faute, mais encore à des conditions magnifiques pour la France. Nous gardions la Hollande, l'Italie, le protectorat de la confédération du Rhin; les Anglais abandonnaient la Sicile, que nous n'aurions peut-être jamais pu conquérir, n'ayant plus de flotte de guerre. Or, la Sicile valait bien la Dalmatie; elle valait même davantage, car elle nous permettait de dominer la Méditerranée et de tenir Malte en échec. Seulement Napoléon voulait tout garder et prendre par-dessus le marché, et au moyen d'un traité de paix, la Sicile que ses armes n'avaient pu conquérir. Et puis, que deviendrait son projet de faire de l'Adriatique un lac français et de menacer Constantinople, par l'occupation de la Dalmatie? Champagny déclara à Lauderdale, au nom de son maître, que l'idée seule de l'évacuation de la Dalmatie, pour la donner à l'ex-roi de Naples, était un affront

dans CORBETT, *loc. cit.* Lauderdale à Spencer, 26 septembre; mais la lettre de Champagny à Talleyrand du 26 septembre, à laquelle nous nous référons plus loin, ne laisse aucun doute à ce sujet. *Loc. cit.*, Angleterre, correspondance, t. 603, f° 254.

(1) Pour sauver la Prusse, l'Angleterre aurait abandonné la Sicile à Joseph-Napoléon.

pour l'armée qui l'avait conquise ; pourtant il consentit à céder Corfou à l'ex-roi de Naples.

Qu'y a-t-il de honteux pour une armée à évacuer à la paix une de ses conquêtes, surtout quand elle en recevra l'équivalent sans coup férir? Les traités de paix sont pleins de ces restitutions et les plus grandes couronnes les ont consenties. Ainsi, pour garder la Dalmatie, province lointaine et inutile à la sécurité de la France, Napoléon perdait la Sicile et la gloire de pacifier le monde en septembre 1806.

En attendant la réponse définitive de l'empereur, les deux négociateurs se revirent, dînèrent l'un chez l'autre, afin de ne pas rompre les relations prématurément, et bien qu'ils n'eussent plus aucun espoir d'aboutir. Le 4 octobre, Lauderdale remit une note qui différait totalement du projet de traité du 31 juillet et même des dernières propositions faites par lui, le 26 septembre, à Champagny. Ce changement de front s'explique par la certitude qu'a le cabinet anglais, que la guerre avec la Prusse qui vient de commencer rendra toute entente impossible avec la France, et parce qu'il tient à fournir au Parlement un document dans lequel le parti de la guerre, qui va reprendre le dessus, ne puisse découvrir les larges concessions faites à la France depuis trois mois (1).

(1) Le ton de la déclaration de George III du 21 octobre 1806 confirme cette opinion.

La note qu'on va lire n'est délivrée par Lauderdale que pour la forme ; il n'y a aucune probabilité pour qu'elle soit agréée, car elle mentionne la confirmation de la Sicile au roi Ferdinand de Naples.

« 4 octobre 1806.

« Lord Lauderdale se voit obligé d'annoncer à son Excellence qu'il a reçu de sa cour les ordres les plus positifs de n'entrer dans aucune discussion sur les autres points de la négociation jusqu'à ce que les conditions proposées par lord Lauderdale relativement à la cession de la Dalmatie et des bouches du Cattaro, et la confirmation de la possession de la Sicile à son roi légitime aient été consenties par le gouvernement français ; l'une et l'autre de ces possessions devant être occupées par des troupes anglaises ou russes, conformément à la proposition que lord Lauderdale a eu l'honneur de faire à ce sujet à Son Excellence.

« Les dépêches que vient de recevoir lord Lauderdale ont été écrites dans la supposition que, par suite du refus du gouvernement français d'accéder aux conditions ci-dessus énoncées et déjà proposées par Lauderdale, les passeports qu'il avait demandés lui auraient été déjà accordés. Dans le cas où il ne les aurait pas encore et où il ne serait pas fondé à croire que les conditions préliminaires en question seraient admises, lord Lauderdale a ordre de déclarer formellement que sa mission est terminée et de renouveler avec les plus fortes instances la demande de ses passeports (1). »

Le 5 octobre arriva la réponse de l'empereur aux propositions anglaises du 26 septembre; comme il fallait s'y attendre, après ce que Champagnac avait dit le 26 septembre à Lauderdale, elle ne contenait aucune proposition conciliatrice, et rejetait tout le blâme sur le cabinet de Londres; enfin Champagny était autorisé à donner ses passeports au négociateur britannique (2).

L'accusé de réception de cette note finale par Lauderdale est conçue dans un style élevé : « Les conditions que le soussigné a eu ordre de proposer entre l'empereur de Russie et le gouvernement français étaient des conditions que commandaient la justice et les convenances. La justice, car assurément rien n'était plus équitable que d'accorder à Sa Majesté sicilienne et au roi de Sardaigne une compensation pour les pertes qu'ils ont essuyées sur le continent. Les convenances, parce que, pour assurer la durée de la paix, un arrangement de limites de nature à empêcher les disputes sera toujours préférable à celui qui fournit à l'une des parties des moyens et des avantages pour l'attaque. De ce principe s'ensuivait naturellement l'évacua-

---

(1) *Loc. cit.*, Angleterre, correspondance, t. 603 *bis*, f° 10.
(2) *Loc. cit.*, Angleterre, correspondance, t. 603, f° 259. Talleyrand à Champagny, Mayence, 30 septembre 1806.

tion proposée de la Dalmatie et de l'Albanie par les armes françaises. Si donc le soussigné a eu ordre de demander ses passeports, et de quiter la France, ce n'est assurément pas parce que son souverain *veut* renoncer à la paix, mais parce qu'il s'y voit forcé, le gouvernement français n'ayant pas consenti toutes les conditions que comportait la proposition faite à l'origine à Sa Majesté britannique (1). »

Avant de partir pour Londres (2), Lauderdale crut bien faire en donnant à Champagny un souvenir de leurs rélations ; il lui envoya une épée d'acier très bien ouvragée, contenue dans un écrin, avec le billet suivant : « Lord Lauderdale prie Son Excellence monsieur de Champagny de vouloir bien accepter de sa part une épée qu'il a fait venir d'Angleterre, pour marquer le degré de perfection auquel est arrivée la manufacture d'armes de ce pays. Il espère que monsieur de Champagny lui fera l'honneur de la porter ; elle pourra servir à rappeler quelquefois au souvenir de Son Excellence une personne qui a conçu une véritable estime pour sa personne et pour ses qualités distinguées, dans le cours des communications qu'elles ont eues ensemble. »

Certes l'intention était bonne, mais le cadeau

---

(1) *Loc. cit.*, Angleterre, correspondance, t. 603 *bis*, f° 21. Lauderdale à Talleyrand, le 6 octobre 1806.
(2) Il quitta Paris le 9 octobre et Boulogne le 11.

assez mal choisi, avouons-le ; Champagny y vit un symbole de guerre interminable, y trouva une inconvenance choquante et il renvoya l'épée au risque de mécontenter Lauderdale. « Je lui ai écrit une lettre honnête pour adoucir ce qu'il y avait de roide dans mon refus ; plus l'épée est bien faite, plus le ministre de l'intérieur devait refuser de s'en parer et à mettre en évidence cet ouvrage des rivaux de notre industrie (1). »

Décidément, lord Lauderdale était un négociateur malheureux ; même avec la meilleure intention du monde, il ne pouvait faire accepter quoi que ce fût. Talleyrand, qui se piquait de courtoisie, désapprouva le procédé de Champagny ; il écrivit à d'Hauterive, le 10 octobre, de Mayence : « Lord Lauderdale doit être parti. Je ne sais pourquoi l'un a donné une épée et l'autre l'a refusée. D'abord, il ne fallait pas en donner, et puisqu'il y en avait une de donnée, il fallait la recevoir et faire un présent d'une valeur double, en objets que l'on sait faire en France et dont on n'approche pas en Angleterre, comme des bronzes ou autre chose. Mille amitiés. T. (2). »

---

(1) *Loc. cit.*, Angleterre, correspondance, t. 603 *bis*, f° 16-17, Champagny à Talleyrand, le 4 octobre 1806.

(2) *Loc. cit.*, Angleterre, supplément, t. 36, f° 44.

Selon Talleyrand (*Mémoires*, t. I, p. 30), la négociation de 1806 n'aboutit qu'à venger l'Angleterre de la Prusse, beaucoup plus que l'Angleterre elle-même ne l'avait voulu. Il était impossible de rendre le Hanovre à l'Angleterre, parce que nous n'avions pas d'équivalent à donner à la Prusse.

LA MÉDIATION AUTRICHIENNE
DE 1807-1808

CHAPITRE XVIII

LE CABINET DE VIENNE TENTE UN RAPPROCHEMENT
(AVRIL 1807)

L'opinion était divisée en Autriche, au printemps de 1807 ; l'aristocratie, l'armée, la masse de la nation sympathisaient avec les Russes et poussaient l'empereur François à tomber avec toutes les forces de la monarchie sur le flanc droit de Napoléon enfoncé dans les fanges de la Pologne ; le cabinet présidé par le comte de Stadion avait des vues totalement différentes (1). Pour donner satisfaction au public, il armait ses réserves et ordonnait des levées ; pour faire aboutir sa politique personnelle, il offrait sa médiation aux belligérants, et plus tard cherchait à se rapprocher de

(1) Cf. Albert VANDAL, *Napoléon et Alexandre*, t. I, p. 28, 40 et suiv.

la France (1). Les lettres du général Andréossy, ambassadeur de France (2) à Vienne, tracent un tableau de ce double courant.

Dans les premiers jours de janvier 1807, le général baron de Vincent était arrivé à Varsovie et pendant trois mois eut avec Talleyrand de fréquents pourparlers. Une intervention amicale du cabinet de Vienne en fournit le thème principal. Simultanément de Meerveldt, ambassadeur d'Autriche à Saint-Pétersbourg, sondait Alexandre sur le même objet, et ce prince lui donnait l'assurance, le 16 février, qu'il accepterait avec plaisir les bons offices de l'Autriche.

Le cabinet Grenville tomba, dans les derniers jours de mars, et fut remplacé par une administration qu'on supposait pacifique, présidée par le vieux duc de Portland (3). Effectivement elle incita le cabinet de Vienne à faire auprès des belligérants une démarche décisive en vue d'une médiation autrichienne. Le 7 avril, de Vincent remettait à Talleyrand une note conforme à ces idées et se termi-

---

(1) Archives des affaires étrangères, Autriche, correspondance, t. 380, et supplément, t. 28.

(2) Nous l'avons vu ambassadeur à Londres en 1802-3. Nous le retrouverons plus tard à Constantinople.

(3) En même temps que lui, son proche parent, Georges Canning, âgé seulement de trente-sept ans, entrait dans le ministère avec le portefeuille des Affaires étrangères et lord Castlereagh avec celui de la guerre. Ces hommes d'État appartenaient au parti tory et leurs velléités pacifiques, bien que très réelles, ne durèrent pas longtemps. Canning et Castlereagh conduisirent la guerre l'été suivant avec une extrême vigueur. Ce cabinet resta ainsi constitué jusqu'au mois de septembre 1809.

nant par la proposition de l'ouverture d'un congrès dans lequel seraient discutées les conditions de la paix générale. Le même jour, le prince de Stahrenberg, ambassadeur d'Autriche à Londres, en délivrait une semblable à Georges Canning, ministre des affaires étrangères; enfin Alexandre et le roi de Prusse la recevaient aussi.

Napoléon, auquel la fortune faisait assez grise mine en ce moment, c'était un lendemain d'Eylau, envoya de Finkenstein la réponse suivante : Il accepte pour lui et ses alliés l'intervention amicale de Sa Majesté l'empereur d'Autriche, pour le rétablissement de la paix si nécessaire à tous les peuples. Sa Majesté n'a qu'une crainte, c'est que la puissance qui jusqu'ici paraît s'être fait un système de fonder son élévation et sa grandeur sur les divisions du continent, ne cherche à faire sortir du congrès qui sera formé de nouveaux sujets d'aigreur et de nouveaux dissentiments. Cependant, un moyen par lequel on peut espérer de faire cesser l'effusion de sang et de porter enfin des consolations dans le sein de tant de familles, ne doit pas être négligée par la France, qui, comme toute l'Europe le sait, a été entraînée malgré elle dans la présente guerre (1). »

On ne peut mettre en doute la sincérité de l'em-

---

(1) *Loc. cit.*, Autriche, correspondance, t. 380, f° 138. Talleyrand à Vincent, 19 avril 1807. Cf. Ed. DRIAULT, *Napoléon à Finkenstein*, in *Revue d'histoire diplomatique*, juillet 1899.

pereur en cette occurrence ; en effet, le 14, il mande à Talleyrand qu'il est satisfait de la proposition de l'Autriche et qu'il se dispose à y répondre favorablement, qu'en général il désire beaucoup lier son système avec celui de la maison d'Autriche. Le surlendemain il ajoute : « Je vous envoie la note telle que je désire qu'elle soit remise, il me semble que je suis parvenu à lui donner un ton de naïveté. Elle est vraie et dès lors bonne. » Le lieu du congrès lui est indifférent : peut-être Cracovie ; Léopol serait préférable. « Vous verrez que j'ai évité de parler de la Porte, mettant l'empereur et ses alliés. Quand on nous demandera quels sont nos alliés, nous dirons : l'Espagne, etc., la Porte et la Perse.

« A toutes les observations de M. de Vincent il faut répondre : Nous sommes très faciles sur la... Retranchez-vous aussi souvent dans la conversation de ce qu'éloigné de moi vous ne savez pas (1). »

Le 22, Napoléon recommande à Talleyrand la plus extrême circonspection, et le jour suivant lui reproche d'avoir commis une grande faute en écrivant à de Vincent qu'un armistice sur la base du *statu quo præsens* pourrait convenir à la France !

---

(1) *Correspondance de Napoléon*, 12373 et 12390, de Finkenstein. L'offre de médiation autrichienne ne disait pas un mot de la Turquie, mais de Vincent affirma à Talleyrand qu'elle n'était pas nommée, mais assez clairement indiquée, et que d'ailleurs la note lui serait communiquée. — F. BERTRAND, *Lettres de Talleyrand à Napoléon*, p. 420, Talleyrand à Napoléon, 7 avril 1807.

Enfin, ces paroles, en contradiction formelle avec celles du 14, terminant sa lettre : « Je regarde l'intervention de l'Autriche dans cette affaire comme un malheur; j'y ai répondu parce que je n'ai voulu offrir aucun prétexte dans les moments actuels. Il faut discuter longuement sur tous les sujets. »

Que d'inconséquence, que de versatilité ! Le 20 mars, l'empereur a écrit d'Osterode à Talleyrand : « Je pense que lorsque deux puissances comme la France et la Russie veulent la paix, le mieux est de la faire directement (1). » Le 14 avril il a mandé au même personnage que la médiation autrichienne le comblait d'aise; le 22, il la regarde comme un malheur; et, pour être certain que Talleyrand, dont il commence à se défier, ne s'engagera pas trop avec de Vincent, il l'appelle le 29 auprès de lui, à son quartier général de Finkenstein.

Le ministre, toujours partisan de tout ce qui venait de l'Autriche, avait écrit à l'empereur, au reçu de sa réponse du 14 avril : « Je la trouve noble, simple, vraie et j'espère qu'elle remplira complètement l'attente de la cour de Vienne. » Il comprit bientôt que son maître la repousserait; son silence, observé par ordre, le mettait dans une position gênante vis-à-vis de de Vincent, et peut-

---

(1) *Loc. cit.*, France, t. 1780.

être éprouva-t-il un réel soulagement en quittant Varsovie, le 3 mai. L'envoyé autrichien fut au contraire navré de se retrouver seul (1).

(1) Pierre BERTRAND, *Lettres inédites de Talleyrand à Napoléon*, p. 423, 20 avril et 1ᵉʳ mai 1807.

CHAPITRE XIX

LA RÉPONSE DES ALLIÉS A LA PROPOSITION DE MÉDIATION AUTRICHIENNE. NAPOLÉON LA FAIT ÉCHOUER.

Nous avons vu dans la lettre de Talleyrand à de Vincent du 19 avril (1) que Napoléon soupçonnait l'Angleterre de nourrir des pensées subversives. La réponse du cabinet de Saint-James met à néant

---

(1) Page 155.
Dans le *Moniteur* du 15 décembre 1810, auquel nous avons déjà fait allusion, Napoléon publia quelques documents relatifs à la médiation autrichienne et russe de 1807-8; mais il en passa un grand nombre sous silence; notamment tout ce qui a rapport à la négociation pacifique de l'Autriche du printemps de 1807. Le *Moniteur* ne donne que des documents se rapportant aux pourparlers de l'hiver suivant, et de l'automne 1808.
Le cabinet anglais communiqua, le 26 janvier 1808, au parlement une quantité un peu plus importante de pièces en vue des débats qui eurent lieu sur ce sujet à la Chambre des communes les 16 et 29 février 1808. (Conf. CORBETT, *Parliamentary Debates*, t. XXX, col. 100 et suivantes.)
Mais il ne faudrait pas chercher dans ces publications seules un exposé impartial et surtout complet de la médiation austro-russe de 1807-8.
ALISON, *op. cit.*, t. VII, p. 156-163, donne fort peu de détails sur la négociation de 1806; mais il est muet sur celle de 1807-8. La même observation s'applique à WALTER SCOTT, *Life of Napoleon*, t. VI, et à J.-H. ROSE, *The life of Napoleon I*ᵉʳ, t. II, p. 70.
— Cf. A. BEER, *Zehn Jahre Oesterreicher Politik*, p. 282 et 302.
— Cf. E. WERTHEIMER, *Geschichte Oesterreichs und Ungarn*, t. II, p. 221.

cette supposition. La voici : « Le gouvernement anglais accepte la médiation de l'Autriche et s'engage à prendre part aux négociations aussitôt qu'on aura obtenu le consentement de toutes les puissances principalement engagées dans la guerre. Il accepte aussi n'importe quelle place de négociation, à la condition qu'elle soit hors de l'influence immédiate des événements de la guerre et laisserait au même degré pour toutes les puissances la communication prompte et ininterrompue avec ses plénipotentiaires. » C'est une allusion aux difficultés éprouvées en 1806, à Paris, par lord Lauderdale et lord Yarmouth, pour communiquer avec leur cabinet. Nous avons exposé les procédés auxquels ces diplomates furent soumis par Napoléon ; l'Angleterre voulait éviter le retour de pareille chose dans le congrès projeté.

La Prusse déclara « qu'elle accepterait si elle pouvait se persuader que les bases sur lesquelles la France consentirait à entamer une négociation fussent telles que l'honneur permît de les admettre. Mais que Sa Majesté l'empereur d'Autriche daigne engager la France à énoncer ces bases, qu'elle en donne connaissance au roi, et si elles ne sont pas en opposition avec le but qu'il poursuit avec ses alliés, Sa Majesté Prussienne s'empressera d'adhérer à cette proposition (1). »

---

(1) *Loc. cit., Autriche,* correspondance, t. 380, f° 153.

La réponse d'Alexandre concertée avec celle du roi de Prusse, les deux souverains se trouvant réunis à Bartenstein (1), en Pologne, est ainsi conçue : « Sa Majesté sera prête à accepter la médiation offerte dès que Sa Majesté l'Empereur se trouvera à même de lui faire connaître les bases sur lesquelles le gouvernement français croira de sa convenance d'entrer en négociation et que ces bases seront de nature à promettre l'accomplissement du but qui fait l'objet de tous les efforts de Sa Majesté et qui est suffisamment connu de la cour de Vienne ».

Ainsi sur les quatre acceptations, deux sont formelles, celles de la France et de l'Angleterre; celles de la Prusse et de la Russie se présentent sous une forme conditionnelle; ces cours demandent avant tout de connaître les bases de la négociation, et encore la Prusse exige qu'elles soient conformes à l'honneur! Malgré cela, le comte de Stadion s'estima satisfait, jugeant, avec un semblant de raison, qu'on pourrait toujours organiser le congrès, et qu'une fois qu'il serait ouvert, la Russie et la Prusse ne pourraient refuser d'y envoyer leurs plénipotentiaires.

---

(1) Ils y conclurent le 26 avril une convention par laquelle ils s'engageaient à ne signer la paix que de concert, et à poursuivre l'affranchissement de l'Allemagne. L'Autriche, sollicitée d'y adhérer, avait naturellement refusé; son rôle de médiation et les projets d'union avec la France que Stadion poursuivait ne lui permettaient pas de le faire, on le comprend aisément.

Il se hâta donc de communiquer la réponse de la France aux trois autres belligérants, dans les derniers jours d'avril, et envoya à de Vincent l'ordre de presser la discussion avec Talleyrand. Comme ce personnage venait de quitter Varsovie, de Vincent lui écrivit le 10 mai, pour demander d'être admis auprès de l'empereur et offrir que le congrès se tînt à Prague (1). Stadion considérait sa médiation comme se présentant sous les meilleurs auspices ; malheureusement, pour le succès des efforts de l'Autriche, la situation militaire de Napoléon s'était grandement améliorée depuis le 19 avril, date de son acceptation de la médiation, jusqu'au 12 mai. De plus une lettre maladroite du roi de Prusse l'avait indisposé (2).

La réponse de Talleyrand à de Vincent, du 12 mai, se ressent de cette double circonstance. Nous croyons utile de la citer intégralement.

« Sa Majesté m'a fait l'honneur de me donner

---

(1) *Loc. cit.*, Autriche, supplément, t. 28, f° 204. Vincent à Talleyrand, 10 mai 1807. — Cf. Vicomte DE MARQUESSAC, *Napoléon et l'Angleterre*. 1842.

Cet ouvrage est un exposé incomplet de la campagne de Pologne de 1807, et de la politique de l'Angleterre à cette époque. L'auteur attribue à Napoléon l'initiative dans la proposition d'un congrès de paix, avant la bataille d'Eylau ; il impute ensuite à Alexandre et à l'Angleterre la responsabilité de l'échec de la négociation, t. I, p. 115-152, et suiv.

(2) E. BONNAL, *La diplomatie prussienne de la paix de Presbourg à Tilsit* ne mentionne pas la négociation autrichienne du printemps de 1807 ; mais il expose d'une façon complète les relations diplomatiques entre Napoléon et la Prusse avant la campagne de 1806.

connaissance d'une lettre qu'elle avait reçue de Sa Majesté le roi de Prusse, et qui sans doute aura été communiquée au cabinet de Vienne, lequel n'aura pas vu sans quelque étonnement qu'on exigeât de l'empereur Napoléon qu'il admît à faire cause commune dans la négociation toutes les puissances unies contre lui dans la guerre présente, et qu'en même temps on parût ne pas vouloir que la Sublime Porte ottomane prît part à ces mêmes négociations. Sa Majesté l'empereur a fait sentir dans sa réponse qu'une telle condition ne pouvait mener à une paix générale honorable et solide telle que la réclament et les vœux et les besoins de toute l'Europe et a proposé d'établir en principe que toutes les parties entraînées de part et d'autres seraient représentées au futur congrès. Je me ferai un plaisir d'informer Votre Excellence des conséquences que ces ouvertures pourront avoir, afin qu'elle puisse elle-même instruire sa cour et la tenir au courant de tout ce qu'il pourrait survenir de nouveau à cet égard (2). »

De Vincent transmit cette note quasi déclinatoire à Stadion; mais espérant vaincre les répugnances de l'empereur, il sollicita de nouveau le 29 mai l'autorisation de l'approcher, afin de continuer la négociation. On ne lui répondit pas. Il confirma sa demande les 8, 16 et 19 juin, par ordre de sa cour.

(1) *Loc. cit.*, Autriche, supplément, t. 28, f° 206, et correspondance de Napoléon, t. XV, 12487, lett. au roi de Prusse.

Dans l'intervalle, le 9 juin, Talleyrand lui écrivait un court billet l'informant qu'il avait attendu pour lui répondre le retour de l'empereur, et que Sa Majesté s'apprêtait à le faire, lorsque les Russes attaquèrent ses avant-postes sur toute la ligne, à l'improviste; qu'en conséquence l'empereur s'était porté en avant et que Talleyrand était allé à Dantzig, qui venait de capituler (1). Puis, plus rien.

Six jours après, les Russes étaient écrasés à Friedland, des négociations directes s'ouvraient entre la France, la Russie et la Prusse et la paix était faite entre elles à Tilsit, sans que l'Autriche fût même autorisée à donner son opinion. La pacification générale que cette puissance s'était flattée d'obtenir par l'ouverture d'un congrès n'avait pu se réaliser par la faute de Napoléon, plus pressé de mettre la Russie hors de cause que de terminer sa querelle avec l'Angleterre et de donner ainsi la paix au monde.

---

(1) Talleyrand, d'ordinaire si sévère pour Napoléon dans ses Mémoires, se montre en cette occasion d'une indulgence étonnante. « Napoléon, écrit-il, t. I, p. 313, cherchant à entamer quelque négociation m'avait rappelé près de lui. Toutes les tentatives qu'il fit dans ce sens restèrent inutiles; il fallait encore se battre et au bout de quelques jours, il le comprit. » A cela se bornent ses commentaires; Talleyrand avait un intérêt majeur à ce que les négociations réussissent, car elles étaient son œuvre autant que celle de l'Autriche; il sut mieux que personne pourquoi elles échouèrent. Alors pourquoi ce jugement si peu conforme à la réalité?

CHAPITRE XX

ÉCHEC DE LA MÉDIATION RUSSE (AOUT 1807)
L'ERREUR DE NAPOLÉON

Le cabinet de Vienne avait alors un tel besoin de recueillement, pour rétablir ses finances ébranlées depuis dix ans, qu'il ne se formalisa point du mauvais tour que Napoléon lui avait joué en traitant sans lui et presque contre lui à Tilsit. Il y avait aussi dans ce pacte une stipulation obligeant Alexandre à offrir sa médiation entre la France et l'Angleterre. Ce vague espoir de pacification suffisait pour le moment à calmer un peu les regrets de l'Autriche. Stadion se contenta donc de faire écrire par de Vincent à Talleyrand une lettre pleine d'amertume de voir ses bons offices rejetés par la France, et insistant sur l'intérêt qu'avait la monarchie à ce que la paix se conclût entre les cours de Paris et de Londres.

Andréossy, chargé d'observer la sensation que la nouvelle de la paix de Tilsit produirait sur le cabinet de Vienne, estimait que Napoléon avait pu lui-même se convaincre de la loyauté et des bonnes intentions de l'Autriche, et que tout ce que de Vincent avait été chargé de dire était vrai (1). Pourtant, Stadion se répandit en termes très violents contre la Russie, qu'il accusait d'avoir entraîné la Prusse à sa perte. Sans s'arrêter à cette démonstration, Andréossy lui dit que l'empereur était satisfait de la conduite de l'Autriche et pour l'en remercier avait décidé que les difficultés encore pendantes au sujet de la délimitation de la frontière italo-autrichienne seraient aplanies. Cette première tentative de médiation avait au moins rapporté quelque chose au cabinet de Vienne.

Stadion était sincère dans son désir de rétablir la paix entre la France et l'Angleterre; les nouveaux efforts qu'il va faire pour y parvenir le prouvent surabondamment.

On a vu plus haut que, le 7 avril, le prince de Stahrenberg avait remis au cabinet anglais la note commune en vue de l'ouverture d'un congrès, qui ne put avoir lieu non par la faute de la Russie ou de l'Angleterre, mais par celle de Napoléon. Le 11 juillet, l'ambassadeur d'Autriche fit une nouvelle tentative, mais Canning, sous l'impression pénible du rapprochement direct de la France et de la Russie, ne donna qu'une réponse dilatoire. Trois semaines plus tard, Stahrenberg appuya vigoureusement la note russe contenant l'offre de

---

(1) *Loc. cit.*, Autriche, supplément, t. XVIII, f° 226, et correspondance, t. 380, f° 239.

médiation de l'empereur Alexandre, conformément à l'article treize du traité de Tilsit (1). Cette proposition parvint à Londres au moment où, plein de dépit de la conclusion de ce traité, le gouvernement anglais se sentant isolé contre Napoléon, brûlant de venger le récent échec de son escadre devant Constantinople et de frapper un grand coup qui exerçât sur l'esprit des Anglais une action réconfortante et remplît les neutres de terreur, préparait l'odieuse expédition de Copenhague. La démarche de la Russie, loin d'arrêter les armements de l'Angleterre, en précipita la conclusion, et la flotte anglaise bombarda la capitale du Danemark. Dans ces conditions, la réponse de l'Angleterre en date du 5 août à l'offre de médiation russe ne pouvait être qu'un refus déguisé sous une forme captieuse :

« Elle demande de connaître tout d'abord les principes justes et équitables sur lesquels la France entendait négocier, et qu'on lui communique les articles secrets du traité de Tilsit. »

D'Alopéus n'ayant pas mandat de répondre à de telles questions, on en resta là (2).

Comme cet échec n'était nullement imputable à

---

(1) Corbett, *Parliamentary Debates*, vol. X, col. 101 et suiv. D'Alopéus, ministre de Russie à Londres, à Canning, 1ᵉʳ août 1807. Il lui annonce la conclusion du traité de Tilsit et offre la médiation du tsar.
(2) Napoléon ne manqua pas de publier la réponse de Canning dans le *Moniteur* du 15 décembre 1810.

l'Autriche, Stadion fit faire par son ambassadeur à Londres de nouvelles représentations pacifiques le 8 septembre. Le succès ne répondit pas à son attente.

A la fin du même mois, lord Gower, ambassadeur d'Angleterre à Saint-Pétersbourg, déclara au tsar que son gouvernement déclinait d'une manière définitive ses bons offices, et Alexandre, fidèle aux promesses faites à Napoléon, lança le manifeste du 26 octobre, puis déclara la guerre à l'Angleterre.

L'erreur de Napoléon fut de croire à cette époque qu'il pourrait amener l'Angleterre à traiter en se servant de médiateurs tels que la Russie et l'Autriche. Ils étaient aussi mal qualifiés que possible pour jouer utilement ce rôle; alliés fidèles de l'Angleterre pendant douze ans, en ayant reçu d'importants subsides, brusquement séparés d'elle par l'épée de Napoléon, ils sont maintenant forcés par lui de prendre vis-à-vis de leur ancienne alliée une attitude presque hostile, en la mettant dans l'alternative d'accepter leur médiation ou de rompre avec eux. Le cabinet anglais avait accepté la médiation autrichienne du mois d'avril précédent parce qu'il croyait cette puissance aussi indépendante que possible, mais celle de la Russie, au lendemain de Tilsit, l'offusquait parce qu'il voyait en elle une alliée de la veille passée dans le camp ennemi. Jamais l'opinion publique anglaise n'eût consenti à recevoir la paix des mains d'un pareil intermédiaire.

La lutte contre Napoléon n'avait pas encore pris chez les Anglais le caractère acharné que lui donnèrent les événements d'Espagne ; et en 1807 ils désiraient la paix, pour peu qu'elle leur fût suffisamment avantageuse. Napoléon la voulait aussi. Seulement, une démarche franche et directe ne convenait ni à son orgueil ni à sa politique tortueuse. De leur côté, les Anglais attendaient, qu'imitant la conduite de Fox en 1806, par mesure de réciprocité, l'empereur envoyât des plénipotentiaires non pas en Angleterre, leur ambition n'allait pas jusque-là, mais en Hollande. Lord Lauderdale et Yarmouth ont bien été à Paris en 1806 pour essayer de conclure la paix ; l'Angleterre n'en rougit pas, pourquoi la France aurait-elle honte d'envoyer maintenant des négociateurs en Hollande ?

Voilà ce que l'empereur ne comprit pas ; il lui en coûtait trop de proposer *directement* la paix à son éternelle ennemie. La médiation russe refusée, il pousse l'Autriche à continuer ses démarches à Londres, et, en échange de ce service, il lui accorde l'évacuation de Braunau et une rectification avantageuse de frontières sur l'Isonzo.

Une circonstance aurait dû pourtant le décider à une démarche directe vis-à-vis du cabinet anglais. Andréossy mandait le 13 juillet, qu'un sieur Jenkinson, frère de lord Hawkesbury, personnage aussi influent sous la nouvelle administration qu'il l'était sous l'ancienne, c'est-à-dire beaucoup, se trouvait alors attaché à la légation d'Angleterre à Vienne. Or, ce Jenkinson avait demandé à l'ambassadeur de France un passeport pour se rendre en Angleterre par Calais, afin de régler des affaires personnelles, et lui avait insinué que les intentions du cabinet de Saint-James étaient telles à ce moment que si l'on voulait profiter de son voyage à Londres pour y faire quelques ouvertures, il s'en chargerait. La personne de qui Jenkinson tenait ces graves révélations n'était autre que lord Pembroke, désigné pour remplacer M. Adair comme ministre d'Angleterre à Vienne et qui venait d'arriver dans cette capitale.

Douze jours plus tard, Andréossy annonce, comme venant d'une source certaine, qu'on ressent à Londres les plus vives inquiétudes, et qu'on y éprouve un grand besoin de repos. « Vous croyez, écrivait lord Henry Petty à une dame anglaise de ma connaissance, établie à Vienne, que le désir de paix se soit éteint avec Fox? Il s'est conservé dans la nouvelle administration et lord Grenville pense qu'il faut de toute nécessité en venir là. Lord Henry Petty avait même écrit à cette dame de me faire quelques insinuations à ce sujet, mais mariée à un homme employé dans le gouvernement autrichien et connaissant les sentiments secrets du cabinet de Vienne, elle n'avait pas cru que cette démarche lui fût permise, et ce n'est que depuis peu de jours qu'elle m'a révélé son secret. Ceci coïncide parfaitement avec la démarche faite auprès de moi par M. Jenkinson (1). » Dans tout cela, il n'est pas question d'une nouvelle médiation autrichienne, mais d'une ouverture directe de la France à l'Angleterre.

Cette lettre que l'empereur reçut à Paris, dans les premiers jours du mois d'août, ne modifia point ses sentiments, car les dépêches adressées à Andréossy par Champagny, qui venait de succéder à Talleyrand comme ministre des relations extérieures, ne font pas la moindre allusion aux insinuations anglaises. Pendant un mois, le prince de Metternich discute avec Champagny la convention relative à la frontière italo-autrichienne (2); pour donner plus de poids aux arguments de l'Autriche, le duc de Wurzbourg, frère de l'empereur François, vient à Paris. La seconde partie du programme de Stadion va s'exécuter; il recherche une liaison étroite avec la France pour essayer de neutraliser l'alliance

(1) *Loc. cit.*, Autriche, correspondance, t. 380, f°ˢ 230 et 239. Andréossy à Talleyrand. Adair ne quitta pas le poste de Vienne et lord Pembroke retourna en Angleterre à la fin de septembre.
(2) Elle fut signée à Fontainebleau le 10 octobre. Metternich, dans les tomes I et II de ses Mémoires, insiste sur les négociations qui aboutirent à cette convention, mais ne dit pas un mot de la médiation autrichienne entre la France et l'Angleterre. Il s'en occupa cependant activement, comme le prouvent ses lettres échangées avec Stadion, *loc. cit.*, Autriche, t. 380, correspondance.

franco-russe et en même temps faire aboutir la paix maritime, si l'Angleterre consent à s'y prêter, en acceptant la médiation de l'Autriche. Nous allons voir l'ambassadeur autrichien à Londres agir de nouveau dans ce sens, mais Napoléon tiendra en réalité les fils de la négociation; car il a décidé, malgré l'insuccès de la première tentative de médiation autrichienne du printemps 1807, d'en faire tenter une nouvelle pendant l'hiver par la cour de Vienne.

CHAPITRE XXI

SECONDE TENTATIVE DE L'AUTRICHE
(NOVEMBRE 1807)

Le 30 octobre, Stadion envoyait à Stahrenberg des instructions relatives à une médiation de l'Autriche, et le 20 novembre cet ambassadeur remettait à Canning la note que voici :

« Londres, le 20 novembre 1807.

« Le soussigné a l'honneur d'informer Son Excellence M. le secrétaire d'État qu'il vient de recevoir l'ordre positif de sa cour de faire au ministère britannique les représentations les plus urgentes sur l'importance dont il serait de voir cesser la lutte qui existe encore entre l'Angleterre et la France, et dont les effets, etc., etc.

« Sa Majesté l'empereur et roi, animé du désir constant de travailler au repos et à la tranquillité, n'hésite pas à demander officiellement et avec instance à Sa Majesté Britannique de vouloir bien lui déclarer sincèrement ses intentions à cet égard, en lui manifestant ses dispositions à entrer en négociations pour une paix maritime sur des bases convenables aux intérêts réciproques des puissances qui y prennent part

« Le cabinet de Saint-James s'est expliqué trop souvent sur son désir du rétablissement de la paix, pour que le soussigné ne se flatte pas d'en obtenir dans cette occasion l'assurance formelle désirée par sa cour qui achèverait de prouver à toutes les nations de l'Europe la sincérité des vues pacifiques de l'Angleterre (1). »

A cette note si modérée dans la forme, l'ambassadeur d'Autriche ajouta verbalement des commentaires énergiques et insista notamment sur la nécessité pour l'Angleterre de dédommager le Danemark pour les pertes immenses que lui avait occasionnées le récent bombardement de Copenhague par les Anglais. Si le cabinet britannique repoussait la médiation de l'Autriche, ou même ne répondait pas d'une manière séante à ses offres, Stahrenberg devait demander sur-le-champ ses passeports.

Il est curieux de constater que malgré l'échec de la médiation russe au mois d'août précédent, et l'état de guerre, qui existait entre la Russie et l'Angleterre, d'Alopéus, ministre d'Alexandre à Londres, n'avait pas encore quitté son poste. Bien plus, Tolstoï, ambassadeur russe à Paris, prescrivait à d'Alopéus de se joindre à Stahrenberg et de

---

(1) *Loc. cit.*, Autriche, correspondance, t. 380, f° 143.

contribuer de toutes ses forces au succès de la médiation autrichienne. Tant était grand le désir de pacification qui animait alors tous les cabinets (1).

Le 23 novembre, Canning eut une longue conférence avec les représentants russe et autrichien et leur remit sa réponse à la demande de médiation. « Sa Majesté britannique a fait connaître à plusieurs reprises ses dispositions pacifiques, notamment dans sa réponse du 25 avril au cabinet de Vienne (2), dans celle du 5 août à la Russie, réponse qui a été communiquée à la cour de Vienne. Sa Majesté ne croit pas qu'il soit nécessaire de rien ajouter à ces déclarations, pour prouver sa sincérité aux nations de l'Europe. Mais pour satisfaire aux désirs si vivement exprimés d'une puissance amie, qui semble en faire l'objet d'une sollicitude particulière, Sa Majesté est disposée à renouveler encore les assurances qu'elle a si souvent données, et déclare qu'elle est actuellement, comme elle l'a toujours été, prête à entrer en négociations pour traiter de la paix sur les bases d'une parfaite égalité d'intérêts respectifs entre les puissances belligérantes et d'une manière conforme à la fidélité que Sa Majesté doit à ses alliés et telle enfin qu'elle donne à l'Europe tranquillité et sécurité (3). »

---

(1) *Loc. cit.*, Angleterre, correspondance, t. 603 *bis*, f° 174.
(2) Voir plus haut page 160.
(3) *Loc. cit.*, Angleterre, correspondance, t. 603 *bis*, f° 149.

Après cette déclaration si nette et si formelle, Canning répéta à ses deux interlocuteurs que le roi George désirait ardemment la paix, puis ajouta qu'on dédommagerait le Danemark. Les lettres de Stahrenberg et d'Alopéus à leurs cabinets ne permettent pas de douter de la sincérité du cabinet anglais à cette époque; il désirait franchement terminer sa longue querelle avec Napoléon. Mais celui-ci s'y prêterait-il?

« La chose est en suspens, et on attend à Londres que la France veuille bien articuler les bases qu'elle considère propres à aboutir à la paix ou à mettre le cabinet anglais dans son tort évident. Il appartient sans doute à l'empereur de porter au comble sa gloire et de couronner ses exploits en accélérant par une généreuse condescendance la fin des calamités qui dévastent l'Europe (1). »

Quant à Stahrenberg, il pensait, qu'étant donné le caractère des Anglais, leur réponse du 23, encore que ne donnant pas pleine satisfaction à l'Autriche, paraissait plus satisfaisante qu'on n'eût osé l'espérer. Il y vit un sincère désir de paix et l'occasion favorable de faire passer des propositions, et demanda à Metternich de l'instruire sur les intentions de la cour de France. « Je prendrai la liberté de faire observer à Votre Excellence, que

---

(1) *Loc. cit.*, Angleterre, correspondance, t. 603 *bis*, 153. Alopéus à Tolstoy, 24 novembre 1807.

si la France faisait à présent des offres justes et raisonnables à la Grande-Bretagne et que cette puissance les rejetât avec orgueil, l'Europe entière acquerrait la conviction de ses véritables projets (1). »

(1) *Loc. cit.*, Angleterre, correspondance, t. 603, f° 155. Stahrenberg à Stadion, par Metternich, 27 novembre 1807.

CHAPITRE XXII

NOUVELLES RIGUEURS DE NAPOLÉON CONTRE LES ANGLAIS

Mais il était dit que Napoléon chercherait toujours dans ses négociations avec l'Angleterre à en compliquer le cours comme à plaisir. Il a suggéré la démarche de l'Autriche, il sait que la réponse anglaise sera connue dans le courant de novembre, et le 16, il part pour Milan, emmenant Champagny et mettant ainsi plusieurs centaines de lieues entre les négociateurs et lui. Sont-ce là les preuves d'une volonté sincère d'aboutir ? Ce n'est pas tout encore, et la fatalité s'en mêle. Par un singulier caprice du sort, le jour même où la réponse anglaise conciliatoire est remise par Canning à Stahrenberg, Napoléon lance le premier décret de Milan, 23 novembre 1807. Cette coïncidence exacte de date n'est certes pas imputable à Napoléon ; mais le fait d'édicter de nouvelles mesures coercitives contre le commerce anglais, juste au moment où il envoie à Londres un messager de paix, ne pouvait manquer d'y produire une très mauvaise impression.

A la vérité, le cabinet anglais venait de rendre les fameux ordres du conseil, en réponse aux décrets de Berlin, qui défendaient tout commerce avec l'Angleterre, et ordonnaient la confiscation de toute marchandise anglaise, et la saisie de tout bâtiment ayant seulement touché les ports de l'Angleterre ou de ses colonies.

Les dates ont une grande importance pour juger ce qui va suivre. Les décrets de Berlin sont du 21 novembre 1806; le cabinet anglais y répondit par les ordres du conseil le 11 novembre 1807, qui ne furent publiés à Londres que le 14. Or, le premier décret de Milan est promulgué le 23 novembre. Il ne peut donc pas être matériellement la réponse aux ordres du conseil du 11, la lenteur des communications entre l'Angleterre et la France, la distance entre Paris et Milan empêchaient que Napoléon, en voyage du 16 au 22, eût pris connaissance de ces ordres du conseil lorsqu'il rendit son *premier* décret de Milan, aussitôt son arrivée dans cette ville.

Les ordres du conseil étaient une mesure justifiée en quelque sorte par les décrets de Berlin (1),

---

(1) On se souvient que les trois ordonnances du conseil anglais édictaient que tout navire d'une puissance neutre, fût-elle plus ou moins dépendante de la France, pourrait entrer librement dans les ports de l'Angleterre ou de ses colonies, et se rendre ensuite où il voudrait, moyennant qu'il eût touché en Angle-

encore que le cabinet de Londres eût mis un an à la prendre, mais le premier décret de Milan n'était pas la réponse à une mesure anglaise, il constituait, au contraire, une attaque directe au moment précis où l'on parlait de rapprochement (1).

En effet, Napoléon ne reçut que dans les premiers jours de décembre communication des ordonnances du conseil du 11 novembre, et y riposta par le *second* décret de Milan, celui du 17 (2), ce qui était son droit strict, mais il aurait mieux fait dans l'intérêt de la paix d'en remettre la promulgation à quelques semaines. Ce second décret, le plus rigoureux de tous, rendait un rapprochement très difficile avec l'Angleterre et portait au plus haut point le système de violence inauguré à Berlin l'année précédente. Il déclara dénationalisé et de bonne prise tout navire qui « aurait souffert la visite d'un vaisseau anglais, ou se serait soumis à un voyage en Angleterre ou dans ses colonies et

---

terre pour y porter des marchandises ou en recevoir, et qu'il y eût acquitté un droit de 25 pour cent. Tout bâtiment qui n'aurait pas accompli ces formalités serait déclaré de bonne prise.

(1) Voici la partie essentielle du décret du 23 novembre. Tous les bâtiments qui, après avoir touché en Angleterre pour quelque motif que ce soit, entreront dans les ports de France, seront saisis et confisqués, ainsi que les cargaisons, sans exception ni distinction de denrée et de marchandises. S'il y a des soupçons sur l'origine des cargaisons, elles seront mises en entrepôt jusqu'à ce qu'il ait été reconnu qu'elles ne viennent ni d'Angleterre ni de ses colonies.

(2) Le préambule de ce décret dit expressément : « Vu les mesures arrêtées par le gouvernement britannique, en date du 11 novembre dernier. »

y aurait payé un droit quelconque au gouvernement anglais ».

Déjà avant de quitter Paris, l'empereur avait donné l'ordre à Lavallette, directeur général des postes, de faire brûler toutes les correspondances venant d'Angleterre, notamment par la Hollande, après les avoir lues et avoir pris copie des pièces importantes qu'elles contenaient. « Je ne puis que vous témoigner mon mécontentement de votre peu d'activité à arrêter cette correspondance ; on dirait que vous êtes indifférent à tout cela. *De toutes les mesures prises contre l'Angleterre, c'est celle qui lui est la plus funeste.* » Le 14, il confirme encore ces ordres rigoureux, et il les fait transmettre au vice-roi d'Italie (1). La veille, il a recommandé de nouveau à Gudin, ministre des finances, de faire brûler les marchandises arrivées à Bordeaux et à Anvers sur des vaisseaux venant d'Amérique.

Dans un autre ordre d'idées, Napoléon a envoyé Junot à la tête de trente mille hommes pour arracher le Portugal à la maison de Bragance, trop complaisante pour les Anglais. Dans les derniers jours de novembre, les Français ont occupé Lisbonne, mais la famille régnante a fui au Brésil sur des vaisseaux britanniques, emportant ses trésors. C'est un coup sensible porté à l'Angleterre, à son commerce, à son prestige.

(1) LECESTRE, *Lettres inédites de Napoléon*, t. IV, p. 121.

En même temps, Napoléon, dans l'espoir d'enlever la Sicile aux Anglais, prescrit de mettre en état la flotte de Toulon; il mande à Joseph : « Faites donc l'expédition de Reggio et de Scylla et purgez le continent de la présence des Anglais ; vous avez dix fois plus de monde qu'il n'en faut pour cela et la saison est très favorable. » Il presse instamment son frère de faire une descente en Sicile, et pour mettre le comble aux inquiétudes du cabinet de Londres, il ordonne, le 16 décembre, à Louis, roi de Hollande, d'organiser une course maritime très active contre le commerce ennemi (1). Toutes ces mesures sont-elles propres à adoucir l'Angleterre et à faciliter la médiation autrichienne? Nullement, mais Napoléon veut effrayer sa rivale, la frapper plus durement dans son commerce et dans la personne de ses alliés, la contraindre à accepter la paix, quand il est lui-même l'instigateur de la tentative de rapprochement.

Le cabinet anglais donne alors à Napoléon une preuve décisive de ses bonnes intentions. Louis XVIII venait chercher un refuge en Angleterre; arrivant de Gothenbourg sur la frégate suédoise la *Fraya*, il veut débarquer à Yarmouth. Les autorités refusent de le recevoir; le monarque fugitif insiste, et après une délibération de trois

---

(1) LECESTRE, *op. cit.*, t. I, p. 123, 124 et 128.

jours, Canning se décide à le recevoir, à la condition expresse qu'il vivra en Angleterre comme un simple particulier et n'attentera en rien à l'ordre établi en France (1).

Le 4 décembre, Tolstoy avise Champagny de cet incident caractéristique et Metternich conjure Napoléon d'en finir avec l'Angleterre : « L'Empereur décidera dans sa haute sagesse, s'il croit trouver dans la réponse anglaise des motifs pour donner suite à l'œuvre de la paix. J'attends des ordres de lui et les transmettrai à Stahrenberg (2). »

Au reçu de cette lettre, Napoléon, encore à Milan, se décida à répondre à la note anglaise du 23 novembre. La lettre qu'il fit écrire par Champagny à Metternich est très longue et très diffuse. Elle débute par un exposé des griefs de l'empereur contre l'Angleterre : « le cabinet de Londres veut la paix, il l'a déjà dit, notamment le 5 août, en réponse à l'offre de médiation de la Russie; le lendemain, il entreprend l'expédition de Copenhague; le 14 novembre, il rend les ordres du conseil. N'est-il pas évident qu'il veut gagner du temps et prévenir le mauvais effet que fera en Angleterre la connaissance des sentiments généreux de l'empereur d'Autriche? »

Après avoir insisté, peut-être plus longuement

(1) *Loc. cit.*, Angleterre, t. 603 *bis*, Tolstoy à Champagny, et conf. VAULABELLE, *Histoire des deux restaurations*, t. I, p. 114-115.

(2) *Loc. cit.*, Angleterre, correspondance, t. 603 *bis*, f° 164. Metternich à Champagny.

qu'il ne l'eût fallu en pareille occurrence, sur la conduite du cabinet anglais, Champagny continue en ces termes :

« Il importe donc d'écarter ces formes diplomatiques qui sont comme un nuage dans lequel le ministère anglais s'enveloppe pour dissimuler sa véritable intention et pour gagner du temps, pour tenir dans l'erreur un peuple ignorant et crédule. L'Autriche, qui ne porte pas ombrage à l'Angleterre par ses flottes, doit continuer néanmoins sa tâche pacifique. » Il y a beaucoup de vrai dans tout cela, mais c'était parfaitement inutile à dire, et l'empereur aurait dû s'abstenir, dans l'intérêt de la paix, de lancer des insultes à la face du peuple britannique.

Enfin voici ce que l'empereur propose : « Que l'Angleterre prouve sa véritable sincérité en nommant des plénipotentiaires pour traiter de la paix avec la France et l'Angleterre. Le prince de Stahrenberg pourra alors rester à Londres et sera autorisé à délivrer à ces ministres des passeports pour se rendre sur le continent. Si le gouvernement se refuse à cette proposition, il est évident qu'il n'est pas plus sincère qu'il ne l'était lorsqu'il attaquait Copenhague et déclarait l'Europe entière en état de blocus (1). »

---

(1) *Loc. cit.*, Autriche, correspondance, t. 380, f° 397, 15 décembre 1807.

CHAPITRE XXIII

ÉCHEC DÉFINITIF DE LA SECONDE TENTATIVE
DE MÉDIATION AUTRICHIENNE (JANVIER 1808).

Comme si cette réponse, que Stahrenberg ne manquerait pas de communiquer en entier à Canning, n'était pas suffisamment incisive, le surlendemain Napoléon édicte le second décret de Milan. Il suppose que l'annonce de ces nouvelles rigueurs arrivera à Londres juste à point pour renforcer l'impression que sa note du 15 décembre y aura produite et que le cabinet anglais, rempli de terreur, courbera la tête. Quand même le ministère y eût consenti, l'opinion publique se serait révoltée. Mais Napoléon ne comptait avec l'opinion publique ni chez lui ni chez les autres. Remarquons que l'empereur posait dans sa note du 15 décembre une question toute nouvelle, et qui n'avait pas encore été soulevée jusqu'à ce jour : celle de l'envoi de plénipotentiaires avant l'énoncé des bases sur lesquelles ils discuteraient; et il demandait que les Anglais seuls en envoyassent, et à Paris. En 1806, Fox, par condescendance pour la France, avait confié aux lords

Yarmouth et Lauderdale cette mission délicate, et nous avons exposé le résultat négatif de leurs efforts, dû aux tergiversations de l'empereur. Or, il exigeait aujourd'hui que les Anglais fissent encore les premiers pas !

Bien que Tolstoy et Metternich ne fussent nullement satisfaits de ces exigences, ils mandèrent à leurs représentants à Londres d'insister vivement auprès de Canning pour qu'il se soumît au caprice de l'empereur; la paix était à ce prix. Stahrenberg devait aussi déclarer qu'en cas de refus il quitterait immédiatement l'Angleterre et que l'Autriche déclarerait la guerre à cette puissance (1). Le 1ᵉʳ janvier 1808, l'ambassadeur autrichien remit à Canning une note très courte, demandant l'envoi de plénipotentiaires à Paris, pour y traiter du rétablissement de la paix entre toutes les puissances actuellement en guerre avec l'Angleterre, mais sans faire mention des alliés de cette nation, et sans spécifier si cette demande émanait de la cour de France ou de celle d'Autriche (2).

La proposition d'envoyer des plénipotentiaires à Paris et de les exposer aux inconvénients déjà subis en 1806 déplut souverainement à Canning; il eût préféré les envoyer dans une ville de Hollande, à la condition que Napoléon y envoyât en

---

(1) *Loc. cit.*, Angleterre, correspondance, t. 603 *bis*, f° 174. Tolstoy à d'Alopéus et Metternich à Stahrenberg, 23 décembre 1807.
(2) *Loc. cit.*, Angleterre, t. 603 *bis*, f° 180.

même temps ses représentants. Il parla dans ce sens à Stahrenberg; malheureusement les instructions de cet ambassadeur étaient très étroites. Le cabinet anglais accepterait purement et simplement d'envoyer ses plénipotentiaires à Paris, pour y recevoir humblement de la bouche de l'empereur les conditions qu'il mettait au rétablissement de la paix; ou bien ce serait la continuation de la guerre avec la France et la rupture avec l'Autriche. Après huit jours de réflexion, le cabinet anglais délivra une note qui se ressentait de l'état de trouble profond dans lequel il se trouvait alors. Il désire ardemment traiter avec la France, mais il ne consent pas à s'humilier.

« Le prince de Stahrenberg a omis d'expliquer si l'offre d'envoyer des plénipotentiaires à Paris émanait de l'Empereur son maître ou du gouvernement français. Si cette proposition doit être considérée comme provenant de Vienne, le soussigné a ordre d'exprimer le sentiment pénible avec lequel Sa Majesté a vu combien peu on avait eu égard, en formant cette proposition, à la correspondance qui avait déjà eu lieu entre les cours de Vienne et de Londres, au sujet d'une négociation pour la paix...

« Sa Majesté pouvait à peine s'attendre à ce que cette même offre fût répétée (si toutefois la note du prince de Stahrenberg peut en être regardée comme la répétition) sans qu'on y joignît la plus légère notification de l'acceptation des conditions que Sa Majesté avait déclarées devoir être le préliminaire indispensable de l'ouverture de la négociation.

« Et attendu que la note du soussigné, du 23 novembre dernier, est indiquée comme base de la proposition actuelle par le prince de Stahrenberg, Sa Majesté remarque que cette proposition n'a cependant de rapport qu'aux puissances qui sont engagées avec la France dans la guerre contre la Grande-Bretagne, sans comprendre les alliés de la Grande-Bretagne, en guerre avec la France. »

Canning place ensuite la question sous un jour tout différent et réprouve la conduite de l'Autriche : si la cour de Vienne ne fait que transmettre les communications dont la France l'a chargé, elle sort de son rôle de médiatrice; et, c'était réellement le cas. Si le prince de Stahrenberg déclare parler au nom d'une autre puissance, la cour de Londres ne croit pas devoir admettre une communication semblable, à moins qu'il ne lui soit présenté une autorisation précise et un document spécial et authentique.

« Il paraît que la note anglaise du 23 novembre a été communiquée au gouvernement français. Ce gouvernement est donc muni d'un gage solennel et authentique des dispositions pacifiques de Sa Majesté. Il en résulte que Sa Majesté a le droit d'attendre un gage également solennel et authentique des dispositions réciproques de la France. »

Canning demande ensuite pourquoi la France sollicite l'Angleterre d'envoyer des plénipotentiaires, et ne promet pas elle-même d'en envoyer également. Il y voit un doute inexcusable de la sincérité des déclarations de Sa Majesté Britannique. De plus on ne donne aucune indication qui puisse servir de base à la négociation.

La note se termine par cette déclaration qui est le fondement de la politique anglaise : « Sa Majesté veut traiter avec la France, mais elle ne veut traiter que sur le pied d'une égalité parfaite. Elle est prête à traiter avec les alliés de la France, mais la négociation doit également embrasser les intérêts des alliés de la Grande-Bretagne. Aussitôt que les bases d'une négociation auront été déterminées d'une manière satisfaisante et qu'on sera convenu d'un lieu contre lequel il ne puisse être fait d'objection, Sa Majesté sera disposée à nommer des plénipotentiaires pour se réunir à ceux des autres puissances engagées dans la guerre. Mais Sa Majesté ne consentira pas de nouveau à envoyer des plénipotentiaires dans une capitale hostile (1). » En un mot, l'Angleterre demandait que la France désignât une ville autre que Paris, où pourraient se réunir les plénipotentiaires, elle en nommerait de son

---

(1) *Loc. cit.*, Angleterre, correspondance, t. 603 *bis*, f° 185.

côté, enfin les bases de pacification seraient indiquées d'avance par l'empereur.

Ces conditions parfaitement acceptables n'étaient humiliantes ni pour l'Angleterre, ni pour la France. Metternich, en recevant ces propositions, dont il appréciait la justesse, mais qu'il savait contraires aux idées de l'empereur, ressentit un profond chagrin; il les communiqua de suite à Napoléon, qui était rentré de Milan le 1ᵉʳ janvier. Napoléon repoussa l'idée d'envoyer des plénipotentiaires français dans une ville de Hollande pour y discuter d'égal à égal avec son ennemie et ne donna pas suite à ses projets de pacification. Par son ordre, Metternich écrivit à Starhenberg le 15 janvier, que tout le blâme de l'échec de la médiation autrichienne retombait sur l'Angleterre et lui enjoignit de quitter Londres avant la réunion du parlement qui avait lieu le 21, cela à cause du manque de convenances de la note anglaise du 8 janvier. L'ambassadeur d'Autriche s'exécuta le 20, et les relations diplomatiques furent rompues entre Vienne et Londres. D'Alopéus, ministre de Russie, l'avait précédé de quelques jours dans sa retraite et vint à Paris.

CHAPITRE XXIV

NAPOLÉON JOURNALISTE

Ici se place un incident de presse, qu'il ne faut pas passer sous silence. Le 18 décembre précédent, le roi d'Angleterre avait publié une déclaration répondant à celle du 28 octobre, dans laquelle Alexandre Ier déclarait la guerre à l'Angleterre. Le message anglais est conçu dans une forme polie et on ne peut y relever aucune phrase insultante pour la Russie ou pour la France. Le roi d'Angleterre déplore que le tsar ait rompu ses anciennes liaisons d'amitié avec lui, et cela au moment même où des efforts étaient faits pour arriver à la pacification. (Allusion aux démarches de Stahrenberg et d'Alopéus en novembre que nous avons exposées plus haut). Il rappelle qu'il n'a pas refusé la médiation russe du mois d'août précédent, mais l'a acceptée conditionnellement. Au sujet de l'alliance de Tilsit, le roi suppose que des arrangements secrets ont été pris contre la Grande-Bretagne et reproche à la Russie d'avoir sacrifié la Prusse à son amitié pour Napoléon. Après avoir déploré la dureté de la France envers le roi de Prusse, George III essaye inhabilement de justifier son agression contre Copenhague par la conclusion des arrangements secrets de Tilsit.

Certes, il y avait dans cette déclaration des choses qui au fond n'étaient pas agréables à Napoléon; mais étant donné les négociations pacifiques qui se poursuivaient alors à Londres, il aurait bien fait de ne pas relever ce document, qui de plus ne lui était pas directement adressé et était poli dans la forme.

Au lieu de cela, que fait-il? Il publie dans le *Moniteur* du 7 janvier la déclaration anglaise et l'accompagne de notes très étendues qui sont un réquisitoire d'une violence inouïe contre l'Angleterre, depuis la rupture de la paix d'Amiens. Évidemment, certains griefs de la France envers son éternelle ennemie étaient fondés, mais était-ce le cas de le lui dire en ce moment, et surtout avec une âpreté qui contrastait si fort avec le ton correct et courtois de la déclaration anglaise. Napoléon nie d'abord que des arrangements secrets aient été pris à Tilsit contre la Grande-Bretagne; en quoi il était sincère; mais il ajoute ensuite des phrases comme celle-ci : « Que cette malheureuse nation anglaise est déchue! par quels misérables conseils ses affaires sont-elles dirigées? Ses ministres, en arrêtant un manifeste de quelques pages, n'ont pas même assez de bon sens et de réflexion pour éviter des contradictions aussi grossières. La mauvaise foi des Anglais est constante, ils ne font des traités que pour les violer. On remarque dans la déclaration du roi d'Angleterre la grossière violence d'un club oligarchique qui ne respecte rien, qui cherche à humilier par ses expressions, et qui à défaut de bonnes raisons a recours à des imputations calomnieuses et à des sarcasmes outrageants. » Napoléon reproche ensuite aux Anglais leur conduite louche en 1805, vis-à-vis de la Prusse et de l'Autriche, et critique en termes insultants leur échec devant Constantinople en 1807, puis l'envoi des six mille hommes à l'île de Rugen en juillet de la même année. Nul n'avait plus que lui le droit de critiquer les opérations militaires d'autrui; mais en imputant leur insuccès à la faiblesse de l'Angleterre et à la lâcheté de ses troupes, n'oubliait-il pas qu'un soldat généreux n'a pas le droit d'insulter un ennemi même sur le champ de bataille? « L'Angleterre est donc une nation bien faible et bien misérable. Il faut à ses ministres des opérations de pirates, ils calculent les résultats de la guerre à tant pour cent. Ils ne songent qu'à gagner de l'argent. » L'imputation de lâcheté et de piraterie revient encore plusieurs fois dans la suite de ces notes. Un seul passage est digne, c'est celui dans lequel Napoléon flétrit en termes énergiques le bombardement de Copenhague.

Ce n'était pas assez de publier ces élucubrations dans l'organe officiel de l'empire, Napoléon ordonna à Metternich d'en envoyer un grand nombre d'exemplaires à Stahrenberg, afin de les distribuer à Londres « pour prouver aux Anglais combien le gouvernement français désire la paix ! »

Metternich, encore plus courtisan que de coutume, vit dans les notes de l'empereur un gage des intentions pacifiques de Napoléon (1) et expédia sans perdre un instant les exemplaires à Stahrenberg.

Même en admettant que la réponse du 8 janvier de Canning eût donné pleine satisfaction aux exigences de l'empereur et que des plénipotentiaires anglais eussent été envoyés à Paris, quel effet auraient produit sur la suite de la négociation les notes du *Moniteur* du 7 janvier? Elles les auraient probablement fait échouer, car la fière Albion et ses ministres ressentirent profondément les imputations de *lâcheté, de piraterie et d'abaissement* que l'empereur venait de leur prodiguer au moment où il les conviait à un rapprochement.

Lorsque, le 21 janvier, la médiation autrichienne étant définitivement avortée, le roi d'Angleterre ouvrit le parlement, il répondit aux notes du *Moniteur*, par un message, dans lequel il déplore l'échec de cette médiation, mais sans aucun propos mal-

---

(1) *Loc. cit.*, Angleterre, correspondance, 603 *bis*, f° 192. Metternich à Stahrenberg, 10 janvier 1808.

séant et sans aucune violence de langage envers la France et son empereur.

On s'étonnera peut-être de la facilité avec laquelle Napoléon fit échouer la médiation autrichienne par son intransigeance, après en avoir désiré ardemment le succès trois mois auparavant. Une nouvelle proie venait de s'offrir à son ambition : les événements d'Espagne prenaient une tournure favorable à une intervention de la France ; il estima le trône de ce pays facile à conquérir (1). Comme avec de semblables projets toute négociation pacifique était impossible, Napoléon résolut d'exécuter d'abord ses desseins sur l'Espagne, de placer ainsi l'Angleterre en face du fait accompli et alors de faire la paix avec elle. La suite démontra que tout était combiné en vue de la réalisation de ce plan.

En tout cas, Napoléon avait au moins obtenu, grâce à la tentative de médiation de l'Autriche, un résultat important; il avait brouillé cette cour avec l'Angleterre, et si la paix ne se faisait pas dans un avenir assez proche, il se flattait de pouvoir réaliser contre son ennemie la ligue de toutes les grandes puissances continentales.

---

(1) Cf. THIERS, *Histoire du Consulat et de l'Empire*, t. XII, p. 378 et suiv.

CHAPITRE XXV

UN DOCUMENT CURIEUX (SEPTEMBRE 1808)

Les archives des affaires étrangères contiennent un document très suggestif se rapportant aux négociations entre Napoléon et l'Angleterre en 1808. Il est rédigé en triple expédition ; la première est un brouillon écrit par Champagny ; la seconde en est la copie par un des secrétaires particuliers de l'empereur, elle porte des ratures et des additions de la main même de Napoléon, et a été dictée par lui pour ce qui a trait aux déclarations de l'empereur : on peut donc dire qu'elle est la manifestation de la volonté du maître. La troisième est la reproduction de la seconde avec un préambule ; c'est la copie exacte de la lettre telle qu'elle fut écrite par d'Alopéus, auparavant ministre de Russie à Londres, et alors à Paris. Cette lettre ne porte pas de date exacte, mais elle doit avoir été composée entre le retour de Napoléon de Bayonne et son départ pour Erfurt, soit du 14 août au 20 septembre.

la faire, et je vous connais trop éclairé et sentant trop le prix du moment pour ne pas concourir à l'œuvre salutaire de la pacification.

« Avant de terminer ma lettre, mylord, je dois vous instruire d'une circonstance, à mon avis très importante, c'est qu'ici on ne fera point de difficulté d'envoyer une personne de confiance à Londres pour y traiter, si vous ne trouvez plus convenable de faire passer quelqu'un à Paris (1).

« J'ai, etc. »

Cette missive qu'on peut considérer comme émanant de l'empereur lui-même, contient ses idées sur la paix avec l'Angleterre en septembre 1808; on voit qu'il la désirait de nouveau; c'est assez naturel, puisque Joseph était monté sur le trône d'Espagne. Il est permis de croire que cette lettre fut envoyée au lord à laquelle elle était destinée, et que Canning en prit connaissance. En tout cas, elle servit de préambule à la proposition de paix que les empereurs de France et de Russie adressèrent d'Erfurt à l'Angleterre.

---

(1) *Loc. cit.*, Angleterre, correspondance, t. 603 *bis*, f° 245.

« — Du Hanovre?

« — *Non plus, hormis les enclaves.*

« — De la Poméranie suédoise et de Stralsund?

« — Je n'en ai pas disposé, m'a répondu l'empereur.

« J'ai cru devoir m'arrêter là; j'ai demandé la permission de vous écrire ce que je venais d'entendre. L'empereur m'a dit :

« Ma politique n'est pas mystérieuse, je dis tout haut ce que je veux faire, je méprise les ruses et les détours. »

« Il résulte donc pour moi que vous êtes les maîtres de sauver le roi de Suède, qui certainement perdra tout son pays dans le courant de l'été. Vous êtes les maîtres de recouvrer le Hanovre, et enfin, ce que je n'osais espérer, vous êtes les maîtres de rendre à la maison de Bragance la possession du beau port de Lisbonne. Négligerez-vous cette occasion unique? C'est ce que j'aurai de la peine à concilier avec ce qu'on m'a dit et avec le peu d'expérience que je peux avoir des affaires.

« Il m'a paru qu'on est ici sincère, car on désire qu'il n'y ait aucune négociation d'apparat, aucune note, ni discussion, et qu'on est résolu à finir promptement si l'on est d'accord, ou à continuer la guerre par tous les moyens, si on ne peut s'entendre.

« Quant à moi, quelle que soit l'issue de la démarche que je fais, je m'estime très heureux de

« Voici ce que m'a répondu ce prince : « Je n'ai
« jamais entendu faire de difficulté contre l'admis-
« sion des alliés et l'*uti possidetis* est une base que
« je ne rejette pas, mais, entendez-vous, l'*uti pos-
« sidetis* pur et simple; c'est-à-dire chacun gar-
« dant ce qu'il a au moment de la signature du
« traité, ou bien un système de compensation entre
« les deux masses belligérantes?

« Ce système de compensation, si on le préfère, doit être pesé dans une balance exacte, un poids pour un poids, une once pour une once, sans que personne puisse mettre, comme Brennus, son épée dans la balance : égalité, équité, on ne veut ni donner ni recevoir la loi. Je dirai plus, a ajouté l'empereur en s'animant, je ne veux rien pour moi que ce qui m'appartient. Le reste de mes conquêtes, je les donne pour équivalent soit de conquêtes faites par la Russie, soit pour faire restituer à la Hollande, au Danemark à l'Espagne, ce qui leur revient. »

« J'ai été satisfait de cette réponse, je me suis permis une autre question. Si cette seconde base, c'est-à-dire celle des compensations, est acceptée, quelles seraient celles des conquêtes de Votre Majesté qu'elle mettrait dans la masse commune?

« — *Toutes celles*, m'a-t-il répondu, *dont je n'ai pas disposé définitivement.*

« — Votre Majesté a-t-elle disposé du Portugal?

« — *Pas encore*, a repris ce prince.

« Paris le ..... 1808.

« Mylord,

« La grande difficulté de recevoir des nouvelles m'a laissé dans une parfaite ignorance sur l'état de votre santé depuis que vous ai quitté. Je souhaite du fond du cœur, Mylord, qu'elle soit remise et que M. Smirnoff, porteur de celle-ci, vous trouve parfaitement rétabli.

« Ce que j'ai vu, observé et entendu en Angleterre m'impose l'obligation de ne point garder le silence.

« Ma première idée était d'écrire à M. Canning lui-même; mais ce ministre n'aurait-il pas lieu de penser que dans l'état actuel des choses, je n'ai pas le droit de m'adresser directement à lui.

« Le bon état des finances et la prospérité de ce pays sont à un point dont on ne se fait pas d'idée en Angleterre, et tout me porte à penser que la prolongation de la guerre est non seulement un malheur pour le continent, mais encore très désavantageuse pour votre pays. Il faudra bien que la paix se fasse un jour, mais chaque retardement qui y sera apporté vous sera contraire.

« J'ai eu l'honneur d'être une heure tête à tête avec l'empereur, je lui ai dit que la base que je croyais être celle qu'on adopterait en Angleterre était l'*uti possidetis* et l'admission des alliés dans un congrès.

CHAPITRE XXVI

LA DÉMARCHE DES DEUX EMPEREURS APRÈS ERFURT.
LA NOTE DE BURGOS

Par une lettre conjointe datée d'Erfurt le 12 octobre 1808, les empereurs de France et de Russie manifestent le désir de voir enfin se rétablir la paix maritime, attendu que la guerre continentale est terminée sans qu'elle puisse se renouveler, disent-ils; ils font donc appel aux sentiments pacifiques exprimés tant de fois déjà par le roi d'Angleterre. Les lettres de Champagny et de Roumiantzof à Canning, qui la couvraient, contiennent des propositions fort nettes et très susceptibles de donner satisfaction à l'Angleterre. On va juger combien elles sont différentes des conditions que Napoléon proposait dix mois auparavant (1).

« Sa Majesté me charge de faire connaître à Votre Excellence qu'elle a nommé deux plénipotentiaires, qui se rendront dans la ville du continent où Sa Majesté le roi de Grande-Bretagne et

---

(1) Voir plus haut, p. 184, du 15 décembre 1807.

ses alliés enverront leurs plénipotentiaires. Quant aux bases de la négociation, Leurs Majestés sont disposées à adopter celles précédemment proposées par l'Angleterre, savoir : l'*uti possidetis* ou toute autre base fondée sur la justice, la réciprocité et l'égalité qui doivent régner entre toutes les grandes nations (1). »

Rapprochons cette lettre de celle d'Alopéus dictée par l'empereur, et de la note anglaise du 8 janvier précédent, et nous acquérons la certitude qu'en octobre 1808 Napoléon a sur la paix générale les mêmes idées que Canning ; il est arrivé à reconnaître la justesse des offres anglaises, tant sur les bases de la négociation que sur les liens où elle doit se poursuivre. Il spécifie même les alliés de la Grande-Bretagne, chose que jamais il n'avait consenti à faire. Le désastre de Baylen, les difficultés de la guerre d'Espagne, l'abandon du grand plan de démonstration sur l'Euphrate conjointement avec les Russes (2), ont rendu Napoléon plus raisonnable.

Or, c'est justement cette question des alliés qui va faire échouer la tentative de rapprochement. Dans sa réponse, George III recommence d'abord l'antienne usée sur son désir de pacification et les malheurs de la guerre, puis fait observer qu'il est lié par des traités et par l'amitié aux rois de Por-

---

(1) *Loc. cit.*, Angleterre, correspondance, t. 603 *bis*, f° 249.
(2) A. VANDAL, *Napoléon et Alexandre I*er, t. I, ch. VI.

tugal, de Sicile et de Suède. « Il avoue qu'il n'est lié à l'Espagne par aucun acte formel, mais il a contracté avec cette nation, à la face de l'univers, des engagements sacrés qui, dans son opinion, le lient autant que les traités les plus solennels. En lui proposant des négociations pour la paix générale, Napoléon a certainement pris en considération les relations existantes entre l'Angleterre et la monarchie espagnole, et entendu que le gouvernement agissant au nom de Ferdinand VIII serait partie dans la négociation (1). »

Conning écrivit à Roumiantzoff, à Paris, « qu'il ne doutait pas que le tsar eût l'intention d'accepter les délégués espagnols à la négociation, car il avait toujours témoigné un grand intérêt pour l'Espagne, et que le roi d'Angleterre n'avait pas besoin d'autres assurances que Sa Majesté Impériale ne saurait être induite à sanctionner par sa concurrence ou par son approbation, des usurpations dont le principe n'est pas moins injuste que l'exemple en est dangereux pour tous les souverains légitimes ».

La réponse anglaise atteignit Napoléon en Espagne, où il allait venger le désastre de Baylen, et le mit dans une terrible colère. Il ne réfléchit pas que, quelque choquante que dût lui paraître la prétention d'admettre les délégués des révoltés espa-

---

(1) *Loc. cit.*, Angleterre, correspondance, t. 603 *bis*, f° 239, 28 octobre 1808. Note de Canning à Champagny.

gnoles à la négociation, elle n'était pas cependant énoncée dans la note anglaise comme une condition *absolue;* elle pouvait donc prêter le flanc à la discussion, être contredite, et peut-être repoussée ; qu'on arriverait à trouver un biais permettant de tourner cette question, qui menaçait de devenir une barrière infranchissable à un rapprochement avec l'Angleterre. Et puis, Napoléon saurait la trancher d'un coup de son épée victorieuse et présenter dans quelques semaines l'insurrection espagnole comme réellement et définitivement écrasée.

Mais pour cela il fallait gagner du temps — la distance s'y prêtait admirablement — ouvrir des négociations, en un mot discuter, mais discuter sans violence de langage (1). Napoléon n'avait-il pas fait spécifier par Champagny dans sa proposition du 12 octobre : la Grande-Bretagne « *et ses alliés* »? Or, les Espagnols étaient les alliés de l'Angleterre, non par des engagements protocolaires, mais par des liens moraux et matériels ; enfin la nation anglaise les considérait comme tels. L'empereur ne pesa pas ces considérations ; ses velléités de paix maritime se dissipèrent en présence de la gloire récoltée par ses armées en Espagne, et il adressa à l'Angleterre une note fulminante dans laquelle les insultes pour la nation et le cabinet étaient prodiguées.

(1) C'était l'opinion de Champagny.

Heureusement pour le bon renom de la France, Champagny arrêta cette dépêche au passage à Paris, la montra à Roumiantzoff, qui lui fit observer la faute qu'il commettrait en l'envoyant telle quelle à Londres, et ajouta avec beaucoup de justesse : « Si un gouvernement accuse l'autre de l'avoir insulté, comment peuvent-ils continuer à se parler? » Champagny prit sur lui d'adoucir un peu les formes de la dépêche et d'en supprimer les grossièretés de langage.

La note écrite par l'empereur était datée de Burgos, 18 novembre 1808. *Elle ne figure plus aux Archives.* Il est donc impossible de savoir dans quels termes exacts elle était conçue. On trouve seulement, à cette date, la lettre de l'Empereur à Champagny qui couvrait cette note. Une lettre du 26 de Champagny à l'empereur ne laisse aucun doute sur la violence de son style, et l'on sait combien Champagny était indulgent pour tout ce qui venait de son maître. Pour qu'il eût consenti à ce que Roumiantzoff lui demandait, il fallait vraiment que la note fût extraordinaire; enfin, *on l'a fait disparaître,* pour ne pas laisser à la postérité un témoignage trop accusateur. Ajoutons, pour être juste, que Napoléon ne se formalisa pas de la liberté prise par ces deux ministres, car il écrivait le 7 décembre à Champagny : « J'approuve les changements que vous avez faits à la note; faites-les connaître à M. de Romiantzoff, et que je trouve que ces modifications améliorent beaucoup cette note (1). » Voici ce que Champagny substitua à la prose napoléonienne (2) :

« Comment le gouvernement français peut-il considérer la proposition qui lui est faite d'admettre à la négociation la nation espagnole? Qu'aurait dit le gouvernement anglais si on lui avait proposé d'admettre les insurgés catholiques d'Irlande? La France, sans avoir de traité avec eux ni de rapports, leur a fait des promesses et souvent leur a envoyé des secours. Une telle proposition pouvait-elle trouver place dans une note où on devait avoir pour but non d'irriter, mais de chercher à se concilier et à s'entendre ? »

Puis vient l'imputation habituelle de faiblesse et de lâcheté que Champagny n'osa pas supprimer : « L'Angleterre serait dans une étrange erreur, si, contre l'expérience du passé, elle avait encore l'idée de lutter avec avantage sur le continent contre les armées françaises. Quel espoir aurait-elle aujourd'hui surtout que la France est irrévocablement unie à la Russie ? »

Enfin Napoléon consent à accepter à la négociation « le roi qui règne au Brésil, le roi qui règne en Sicile et celui qui règne en Suède et à prendre pour base l'*uti possidetis* ». On remarquera qu'il n'est

---

(1) *Loc. cit.*, France, mémoires et documents, t. 178, f° 156.
(2) *Loc. cit.*, Angleterre, correspondance, t. 603 *bis*, f° 275. Champagny à Napoléon, 28 novembre 1808.

plus question du Portugal; il n'existe pas plus que l'Espagne; et le roi de Portugal n'est plus que le roi du Brésil.

Il n'y avait pas de comparaison possible entre les catholiques irlandais qui depuis plusieurs siècles étaient en lutte avec l'Angleterre, mais faisaient partie intégrante du Royaume-Uni, et les insurgés espagnols, qui jamais n'avaient été considérés comme Français et luttaient depuis six mois seulement pour leur indépendance et leur roi légitime. A la vérité, Napoléon avait envoyé plusieurs officiers en Irlande depuis 1803, afin de travailler les Irlandais mécontents et de distribuer quelques secours en argent, mais depuis l'expédition de Hoche, aucun soldat français n'avait mis le pied en Irlande, tandis que depuis le mois d'août précédent, le cabinet anglais était décidé à porter tout le poids de la guerre en Espagne; et que cinq mille Anglais sous le général Spencer paraissaient à Cadix, puis débarquaient à l'embouchure de la Guadiana, près de la frontière espagnole. Sir Arthur Wellesley, à la tête de toutes les forces anglaises, forçait bientôt Junot à capituler à Cintra; et en octobre, son remplaçant, sir John Moore, avec vingt-huit mille Anglais, était établi sur le territoire espagnol. Il y avait donc de toutes les manières prestation de secours efficaces de la part de l'Angleterre à l'Espagne, et elle était justifiée à la reconnaître comme son alliée réelle, tandis que l'Irlande, en 1808, ne pouvait en aucune manière être tenue pour une nation alliée de la France.

La question étant posée de cette manière, il n'y avait plus de discussion possible; George III aurait pu ne pas répliquer à la dernière note de Champagny. Il voulut avoir le dernier mot, et se crut obligé de donner une leçon de politesse à l'empereur en lui faisant écrire par Canning qu'il s'abstenait de relever les expressions insultantes pour Sa Majesté, pour ses alliés et pour la nation espagnole, contenues dans la lettre de Champagny du 28 novembre (1).

On serait tenté de croire qu'après tant de négocations pacifiques rompues aussitôt que commencées, Napoléon renoncerait à tout espoir de rapprochement avec sa rivale. Il n'en est rien, nous allons le voir renouveler bientôt ses tentatives, mais alors il abandonnera la diplomatie officielle pour employer la diplomatie occulte.

(1) *Loc. cit.*, Angleterre, correspondance, t. 603 *bis*, f° 285. 9 décembre 1806. La déclaration publique de George III du 15 décembre est l'amplification de cette lettre. Conf. CORBETT, *loc. cit.*, t. XII, p. 210 et suiv., débats des 26 et 31 janvier 1809 au parlement anglais sur la négociation en question.

LA DIPLOMATIE OCCULTE DE 1810

CHAPITRE XXVII

LA TRAME DE FOUCHÉ, VOYAGE DE FAGAN A LONDRES (FÉVRIER 1810)

La paix de Vienne, signée en octobre 1809, venait de terminer la campagne dite de Wagram, et Napoléon se retrouvait, comme en 1807 et 1808, seul en face de l'Angleterre et de ses alliés, l'Espagne, la Suède et le Portugal. Une fois de plus, il désire la paix, car d'après son opinion, souvent exprimée, la guerre ne peut toujours durer, et il faudra bien un jour ou l'autre conclure avec l'éternelle ennemie. Or, il n'était plus possible d'employer la médiation de la Russie ou de l'Autriche, les causes qui l'avaient fait échouer subsistaient encore. Solliciter la paix directement répugnait à l'orgueil immense de Napoléon. Restaient les moyens détournés, assez difficiles à trouver. Il songeait à sortir de cette situation, lorsque Fouché, duc d'Otrante, le remuant ministre de la police, le prévint, et essaya, sans dire un seul mot à son maître, d'opérer un rapprochement avec la Grande-Bretagne.

Un sieur Hannecart, ancien officier du régiment Colonel-Général, émigré, puis rentré en France, auquel il fit part de ses projets, découvrit bientôt un messager propre, selon lui, à porter à Londres des paroles de paix, et sans compromettre un caractère officiel. C'était François Fagan, d'origine irlandaise, autrefois capitaine dans le régiment de Dillon, émigré et revenu à Paris, où il se tenait éloigné de la politique.

Hannecart proposa à Fagan de le présenter à Fouché en faisant entrevoir que cette démarche pourrait avoir des résultats considérables pour lui et pour la France. Fagan, ravi d'être mis en rapport avec un puissant ministre, se rendit chez Fouché, accompagné d'Hannecart. Le ministre de la police le reçut avec bienveillance, lui parla de ses rapports d'amitié étroite avec lord Yarmouth, de son vieux père, qui habitait toujours Londres, de bien d'autres choses indifférentes et, sans toucher au motif réel qui l'avait fait appeler, il le congédia en l'engageant à revenir le voir. Dans une seconde entrevue, Fouché continua cette conversation et parla des probabilités de paix et du désir qu'avait Napoléon de la conclure avec l'Angleterre.

Au cours d'une troisième visite, le ministre mit enfin ses projets à découvert et demanda à Fagan s'il consentirait à passer en Angleterre pour concourir à ce grand ouvrage. L'ex-officier accepta avec enthousiasme, car il désirait revoir son père à Londres, et son ambition était flattée d'avoir un aussi grand rôle à jouer. Fouché insista sur le besoin que l'Angleterre avait de la paix et chargea Fagan d'aller sonder les intentions du marquis de Wellesley, sous-secrétaire d'État aux affaires étrangères (1). Les relations que Fagan avait eues avec lord Yarmouth, et avec de nombreux membres de l'aristocratie anglaise, l'accueil qui lui avait été fait en Angleterre pendant l'émigration, tout le rendait propre à une entreprise d'une aussi délicate nature.

« Je vois, ajouta Fouché, que par vos relations vous pouvez nous être très utile ; tâchez de voir lord Wellesley et de le sonder, afin de pouvoir me rapporter s'il ne serait pas disposé à écouter des ouvertures qui amèneraient un rapprochement. » Fouché ne s'expliqua point clairement sur les bases de ce rapprochement; cela se comprend, puisqu'il agissait à l'insu de Napoléon; il dit seulement que « les Français étant maîtres du continent,

---

(1) Il venait de remplacer dans le cabinet Georges Canning, qui avait démissionné pour pouvoir se battre en duel avec lord Castlereagh, également membre du ministère. Le premier reçut une légère blessure à la cuisse, le second ne dut la vie qu'à un bouton de sa redingote, sur lequel s'écrasa la balle de son adversaire.

Par suite de la mort du duc de Portland, la présidence du conseil échut à M. Perceval.

comme les Anglais l'étaient de la mer, ils pourraient facilement s'arranger. »

Fagan ayant exprimé son opinion sur quelques points en litige, le ministre se contenta de répondre : « Cela peut s'arranger ; quant à l'Espagne, elle est à nous, les Anglais n'y peuvent plus prétendre (1) ; ils sont assez puissants sur mer ; il nous faut la Sicile, sans quoi nous ne serons jamais tranquilles à Naples. Nous rendrons Pondichéry, cela n'a aucun intérêt pour eux. »

Et Fouché répétait encore :

« Ils sont maîtres de la mer, ils n'ont pas besoin d'autre dédommagement. Vous savez l'adage : Qui est maître de la mer l'est de la terre, et tout pourrait s'arranger si l'on venait à se communiquer. » Il ne fut pas question de Malte, de la Hollande, du Portugal, de l'Amérique, et des villes hanséatiques.

Le plan de Fouché était ainsi conçu : engager d'abord la négociation d'une façon cachée, puis la révéler à Napoléon, et une fois transportée du terrain de la diplomatie occulte sur celui de la diplomatie officielle, résoudre ces multiples questions dans des conférences ou dans un congrès. L'extrême désir que l'empereur semblait avoir de la paix lui ferait pardonner l'irrégularité de la mise en train, Fouché n'en doutait pas (2).

---

(1) Cela semblait exact à la fin de 1809 ; mais ne le fut pas longtemps.

(2) Il ne faut naturellement pas chercher l'explication de la con-

En somme, Fagan ne devait pas discuter sur tel ou tel point, mais seulement engager la discussion et savoir si les Anglais voulaient entrer en pourparlers. L'échec des négociations de 1807 et 1808 ne permettait pas d'avoir une opinion absolue sur ce point, car Fouché n'ignorait point qu'elles avaient échoué par la volonté de Napoléon ; et c'est justement le motif qui le poussait à placer ce monarque en présence du fait accompli, en engageant d'abord les pourparlers à son insu. Le nouveau ministre Wellesley passait aussi, à juste titre, pour professer des idées pacifiques et il importait d'en profiter sans retard.

Le 30 novembre 1809, Fouché remit à Fagan un passeport pour se rendre à Dunkerque et Boulogne-sur-Mer(1). Cinq jours plus tard, il partit muni d'une lettre de Fouché à Devilliers, commissaire à Boulogne, qui devait faciliter son embarquement. Malgré cela, il ne put réussir à passer le détroit, et alla à Dieppe ; n'y parvenant pas davantage, il revint à Paris, où il tomba malade et resta six

---

duite de Fouché dans ses soi-disant mémoires publiés en 1824, et qui sont une apologie écrite par un admirateur ; mais dans les papiers des archives nationales, carton AF^{IV} 1674, relatif aux affaires Fagan et Labouchère, et aux archives des affaires étrangères.

Cf. Louis MADELIN, *Fouché, duc d'Otrante*, t. II, p. 176.

Les négociations de 1810 ne donnèrent lieu à aucun débat dans le parlement britannique, bien qu'elles fussent à cette époque l'objet de nombreux articles de journaux anglais.

(1) Archives nationales, AF^{IV}, 1674. Rapports de Fagan à Fouché.

semaines au lit. Il avait fait prévenir Fouché de son retour et de sa maladie, mais n'eut aucune entrevue avec lui. A moitié rétabli, il partit pour la Hollande, espérant y trouver plus facilement le moyen de passer en Angleterre, et s'arrêta à Anvers. Le commissaire de police l'engagea à aller à Ostende ; il y parvint le 19 janvier et put enfin s'embarquer. En touchant le rivage britannique entre Douvres et Margate, il se donna comme officier anglais et débarqua sans encombre. A peine à Londres, il courut chez son ami lord Yarmouth et lui confia le but de son voyage. Lord Yarmouth lui remit une lettre d'introduction pour le marquis de Wellesley. Fagan n'en avait guère besoin, car il connaissait particulièrement ce ministre, deux de ses cousins ayant servi comme aides de camp auprès du marquis dans l'Inde.

L'accueil de Wellesley fut cordial ; il causa à Fagan de l'état de la France, de sa famille, de mille autres choses et lui donna rendez-vous pour le lendemain à son hôtel particulier. Le messager de Fouché dit alors à Wellesley, qu'il était chargé de le pressentir sur la disposition des esprits par rapport à un rapprochement ; le noble lord lui répondit : « Vous avez vu, avant votre départ, le ministre de la police générale », et il ajouta en plaisantant : « Vous n'êtes pas venu là par une belle voie ! »

Passant à l'examen de la situation actuelle,

Wellesley parla des moyens que la France avait pour conquérir l'Espagne. Fagan lui objecta que l'Espagne était conquise et que même en Angleterre on la regardait comme telle. Le ministre se récria et lui rappela qu'y ayant habité (1) il en connaissait les ressources; qu'au reste l'Angleterre était disposée à dépenser son dernier écu pour la sauver. Et il ajouta : « Si nous demandions à Napoléon sa première forteresse de France, qu'en penserait-il ? »

Après avoir rappelé les souvenirs de l'émigration et le bon accueil que Fagan et ses camarades de la brigade irlandaise avaient reçu en Angleterre, Wellesley lui donna rendez-vous pour le surlendemain. On causa encore de l'Espagne, et le ministre déclara qu'un rapprochement serait impossible, tant qu'on ne prendrait pas un parti à l'égard de ce royaume.

Cette assurance n'était pas nouvelle et les ouvertures pacifiques de l'automne 1808 avaient, on s'en souvient, échoué parce que Napoléon ne voulut pas admettre les Espagnols aux négociations. Les progrès que nos armées avaient faits dans ce

---

(1) Nommé gouverneur de Madras en 1795, Wellesley combattit Tippo-Tahib avec succès et revint en Angleterre en 1806, avec le titre de marquis. Au début de 1809, il fut envoyé comme ambassadeur extraordinaire auprès de la Junte insurrectionnelle de Séville, et y resta jusqu'en automne de la même année, soit seulement huit mois. De retour en Angleterre, il entra comme secrétaire d'État aux affaires étrangères. Il était frère aîné du duc de Wellington.

pays depuis dix-huit mois ne modifiaient nullement les prétentions du cabinet britannique à cet égard. La prise de Porto par Wellington, la retraite du maréchal Soult, la victoire de Talavera, l'audace et les succès toujours croissants des guerrillas, étaient contrebalancés par la reddition de Saragosse, la conquête définitive de l'Aragon et la brillante victoire d'Ocaña remportée sur les Espagnols les 18 et 19 novembre 1809.

Seulement, chose plus sérieuse que les affaires d'Espagne, le cabinet anglais savait que Napoléon avait l'intention d'annexer les trois quarts de la Hollande à la France. « Nous apprenons à l'instant, dit Wellesley, que Napoléon a donné l'ordre de l'envahissement de la Hollande (1); cela n'annoncerait pas des dispoitions pacifiques. Nous sommes toujours disposés à écouter toutes propositions qui nous viendront d'une manière officielle. Si vous voulez vous donner la peine de repasser, et de vous charger de remettre une note que je signerai, laquelle je garderai, mais vous en prendrez copie que vous signerez devant moi. »

Deux jours après, cette note fut rédigée ainsi :

« La communication n'étant pas officielle, je ne puis que dire que le gouvernement britannique est prêt à recevoir toute proposition qui pourrait ame-

---

(1) Wellesley faisait allusion aux mesures que Napoléon venait effectivement de prendre pour s'emparer de la Hollande. Voir plus loin, p. 219.

ner un rapprochement entre les deux gouvernements, pourvu que nos alliés y fussent compris; bien entendu que l'Espagne est du nombre. »

Cette note ne diffère pas dans le fond de celle adressée par Canning à Champagny, le 28 octobre 1808 (1).

Wellesley et Fagan se séparèrent ensuite avec de grandes protestations d'amitié, et le lendemain l'envoyé de Fouché reçut ses passeports. Sa maladie de poitrine le reprit avec plus de violence que jamais, et le retint pendant trois semaines à Londres. Le 8 mars il fut en état de voyager. Culling-Smith, beau-frère de Wellesley, et sous-secrétaire d'État, le mit lui-même dans sa voiture et le salua de ces paroles significatives : « Nous vous reverrons avec plaisir, ou toute autre personne que le gouvernement français voudrait bien nous envoyer. »

Parvenu à Ostende le 10 mars, Fagan remit le 12 à Paris, entre les mains de Fouché, la note de Wellesley, rendit compte de son voyage, appuya sur les sentiments réellement pacifiques du cabinet anglais, mais déclara qu'il ne repartirait pas pour Londres, sans être porteur d'une lettre officielle, l'accréditant régulièrement auprès de Wellesley. Le ministre de la police le remercia chaleureusement, *lui dit que Napoléon était satisfait*, et ajouta

---

(1) Voir page 202.

qu'il le ferait repartir dans une huitaine de jours (1). Depuis lors, Fagan n'entendit plus parler de rien. Cet émissaire se conduisit à Londres avec une réserve extrême; il ne fréquenta que lord Yarmouth et son père; personne en dehors des intéressés n'eut vent de la négociation, et elle ne parvint à la connaissance de Napoléon qu'à la fin du mois de juin, par suite de l'enquête ouverte contre Fouché.

(1) Ce qui prouve le désintéressement de Fagan, c'est qu'il fit le voyage à ses frais, croyant être utile à l'empereur.

CHAPITRE XXVIII

PREMIÈRE MISSION DE LABOUCHÈRE A LONDRES
(FÉVRIER 1810).

Par un singulier hasard, en même temps que Fagan portait à Wellesley les propositions émanant de Fouché, c'est-à-dire dans les derniers jours de janvier 1810, un autre intermédiaire tout aussi occulte, le Hollandais Labouchère, se préparait à communiquer à Londres les vues de Napoléon.

Disons quelques mots des affaires de Hollande. Napoléon se plaignait de la conduite de son frère Louis envers la France, lui reprochait de ne lui procurer aucun avantage dans la guerre maritime contre l'Angleterre, de ne pas fermer les côtes hollandaises aux marchandises anglaises; enfin de ne pas réprimer l'esprit hostile à la France qui régnait dans toutes les classes de la société. Le résultat de cet état d'animosité fut que l'empereur résolut d'annexer purement et simplement la Hollande à l'empire et donna des ordres militaires en conséquence. Ce sont ces mesures qui avaient si fort troublé le cabinet britannique en février 1810

Le roi Louis vint à Paris défendre sa cause auprès de son frère, le calma, promit de donner satisfaction à ses exigences et la concorde fut momentanément rétablie entre eux (1).

Napoléon communiqua à Louis le plan qu'il avait imaginé pour amener l'Angleterre à composition. Il menacerait d'annexer la Hollande tout entière ; l'occupation à peu près complète de l'Espagne par nos troupes, telle qu'elle existait en janvier 1810, n'avait pas suffi pour ébranler le cabinet de Londres ; celle de la Hollande produirait certainement ce résultat ; les projets de mariage avec la sœur d'Alexandre, ou à son défaut avec la fille de l'empereur d'Autriche allaient aboutir à l'une ou l'autre de ces alliances et placer Napoléon vis-à-vis de l'Angleterre dans une position inattaquable. Ainsi c'est toujours le même système : menacer son ennemi, l'intimider pour l'amener à solliciter la paix. L'insuccès de ce moyen en 1808 n'empêche pas Napoléon de l'essayer de nouveau deux ans plus tard. Seulement cette fois la Hollande servira d'épouvantail ; le coup sera d'autant plus sensible pour l'Angleterre qu'elle écoule dans ce pays une grande quantité de ses produits coloniaux, grâce à la tolérance du roi Louis.

Ne pouvant, on le sent bien, mettre ouvertement

(1) Conf. Félix ROCQUAIN, *Napoléon et le roi Louis*, d'après les archives nationales, p. 233 et suiv. — *Mémoire sur la cour de Louis-Napoléon et sur la Hollande*, 1828, p. 70 et suiv. — *Documents historiques sur le gouvernement de la Hollande*, t. III.

et directement le cabinet de Londres dans l'alternative de faire la paix ou de voir la Hollande devenir française, Napoléon eut l'idée de le lui faire dire par les Hollandais eux-mêmes. Fouché, auquel rien ne pouvait échapper, apprit bientôt les projets de son maître; et peut-être se félicita-t-il d'avoir envoyé Fagan à Wellesley; cette démarche préparait les voies à celle des Hollandais. En conséquence, il voulut que le second messager lui fût dévoué comme le premier et consulta Ouvrard, qui venait de sortir de Vincennes pour mettre ordre à ses opérations financières.

Ouvrard lui indiqua Pierre-César Labouchère, chef d'une des plus importantes maisons de banque d'Amsterdam et gendre du chevalier Baring, habitant Londres, l'un des directeurs de la compagnie des Indes et jouissant d'un grand crédit dans les cercles gouvernementaux d'Angleterre. Par sa haute honorabilité et ses relations, Labouchère offrait donc toutes les garanties de succès désirables.

Fouché et Labouchère avaient déjà fait connaissance quinze mois auparavant, mais Ouvrard eut le mérite de le rappeler au souvenir du ministre de la police en janvier 1810. Napoléon accepta de se servir de Labouchère, qui justement était à Paris en ce moment.

Comme la démarche devait paraître émaner des ministres hollandais et non de la France, il fallait que Labouchère partît ostensiblement de la Haye et reçût dans cette ville ses instructions définitives. Une note établie par Champagny et de Roel, ministre des affaires étrangères de Hollande, de passage à Paris, leur servit de base; cette note devait être lue dans le conseil des ministres hollandais (1). Le roi Louis adressa à ces dignitaires la lettre suivante, émanant de Napoléon et contenant toute sa pensée quant aux affaires de Hollande.

« ......Janvier 1810.

« Je me suis assuré que la France est fermement décidée à réunir la Hollande malgré toutes les considérations et qu'elle est convaincue que son indépendance ne peut plus se prolonger si la guerre maritime continue. Dans cette cruelle incertitude, il ne nous reste qu'un espoir : c'est que la paix maritime se négocie; cela seul peut détourner le péril imminent qui nous menace... Il est donc possible que leur intérêt porte les Anglais à éviter un coup qui peut leur être si funeste. Je vous laisse le soin de développer cette idée avec toute l'énergie nécessaire pour faire bien sentir au gouvernement anglais l'importance de la démarche qui lui reste à faire. Faites valoir auprès de lui tous les arguments et toutes les considérations qui se pré-

(1) Archives nationales, AF^{IV} 1674.

senteront à votre esprit. Faites la démarche dont il s'agit de vous-même, sans que j'y sois nullement mentionné. Mais il n'y a pas de temps à perdre. Envoyez de suite quelqu'un de commerce sûr et discret en Angleterre et envoyez-le-moi de suite dès qu'il sera de retour. Faites savoir l'époque à laquelle il pourra l'être, car nous n'avons pas de temps à perdre. Il ne nous reste plus que peu de jours. Deux corps de la grande armée marchent sur le royaume. Faites-moi savoir ce que vous aurez fait en conséquence de cette lettre et quel jour je pourrai avoir la réponse de l'Angleterre (1). »

De Roel et Labouchère quittèrent Paris dans les derniers jours de janvier, et le 2 février Labouchère s'embarqua à la Brille.

Dans quelles conditions allait s'exécuter cette mission occulte dans laquelle Napoléon avait une grande confiance? Le meilleur moyen de la faire réussir était certainement de présenter au cabinet anglais des conditions acceptables, tant sous le rapport de la guerre maritime que sous celui des affaires continentales. Quelques concessions adroitement mises en avant, un projet d'arrangement propre à donner satisfaction aux Anglais concernant l'Espagne, eussent alors suffi à nouer les négociations; et vu le caractère pacifique de Welles-

---

(1). *Loc. cit.*, Angleterre, correspondance, t. 605, f° 3.

ley; une fois celles-ci engagées, nul doute qu'elles n'eussent abouti. Mais le tout était de les engager. Napoléon le souhaitait vivement, à cette époque; son mariage prochain lui faisait désirer la paix. On va voir si ses instructions à Labouchère permettaient d'atteindre ce but.

« Il fera connaître au gouvernement anglais que le destin de la Hollande dépend des dispositions que le gouvernement anglais prendra pour parvenir à une paix prompte avec la France, ou du moins pour faire un changement réel dans les mesures adoptées par ledit gouvernement par rapport au commerce et à la navigation des neutres (1).

« Labouchère fera connaître, par les voies qu'il trouvera les plus convenables, cet état de choses au ministère anglais, et il lui est permis de faire savoir qu'il remplit cette mission avec le consentement du gouvernement hollandais. » On aurait pu ajouter : et celui du gouvernement français. « Il cherchera ensuite à faire envisager au gouvernement anglais combien il serait avantageux pour l'Angleterre que la Hollande ne tombât point sous la domination souveraine de l'empire français. S'il trouve au gouvernement anglais cette conviction, ou s'il parvient à la faire naître, il tâchera de l'engager à contribuer au maintien de l'existence poli-

(1) Allusion aux ordres du conseil anglais, du 11 novembre 1807, qui répondaient au décret de Berlin du 21 novembre 1806.

tique de la Hollande, en se prêtant promptement à des négociations tendantes à parvenir à une paix générale, ou du moins, dans le cas où de pareilles négociations ne pourraient être promptement entamées et terminées, en donnant des assurances satisfaisantes de ses intentions de faire quelques changements dans le système adopté par les décrets du conseil d'Angleterre de novembre 1807 et dans les mesures qui en ont été les conséquences.

« Il ajoutera que dans le cas où un relâchement ou un changement dudit système serait adopté, on pourrait se flatter qu'outre la non-occupation de la Hollande, la guerre, tant qu'elle doit encore durer, prendrait enfin la tournure et la marche moins désastreuse qu'elle avait il y trois ans, et qu'il en résulterait un peu plus de probabilités d'un rapprochement, en ce qu'alors on ne verrait plus aucun motif pour l'empereur des Français de laisser subsister les décrets de Berlin et de Milan.

« Si cependant le gouvernement anglais, après avoir prêté l'oreille à ses insinuations, fait des difficultés pour s'expliquer là-dessus définitivement avant d'être informé positivement des intentions du gouvernement français à cet égard, il doit demander que le gouvernement anglais déclare s'il veut faire dépendre sa résolution d'arriver à des négociations de paix, ou du moins à un changement dans lesdits ordres du conseil de novembre 1807, des insinuations susdites et encore particulièrement de l'évacuation de la Hollande par les troupes françaises et du rétablissement de tout sur le pied où se trouvaient les choses avant la dernière invasion anglaise en Zélande (1), en ajoutant les autres conditions sur lesquelles le susdit gouvernement pourrait croire devoir insister, avant de prêter la main aux mesures proposées, afin qu'on ait ainsi des données sûres avant de lui faire connaître les intentions du gouvernement français.

« Quelle que soit la réponse du gouvernement anglais à ces représentations, pourvu qu'elle n'exclue pas tout espoir de parvenir au but qu'on se propose et que les circonstances le lui permettent, il prolongera son séjour à Londres, et en attendant il enverra aux soussignés un rapport détaillé. S'il trouvait utile pour le succès de la cause de porter la réponse au roi Louis à Paris, il reviendra à Paris mais en passant par la Hollande, et en aucun cas il ne se rendra d'Angleterre directement en France.

« Amsterdam, 1er février 1810.

Signé : « Van der Heim. J. H. Mollerus (2). »

(1) L'expédition de Walcheren en 1809.
(2) Ces instructions ainsi que la lettre du roi Louis à ses ministres et la réponse de Wellesley ont été publiées dans le *Moniteur* du 15 décembre 1810, en même temps qu'une partie des pièces relatives aux négociations antérieures avec l'Angleterre, mais sans commentaire explicatif; ces seules pièces ne donnent qu'une idée fausse des pourparlers et du motif de leur échec.

CHAPITRE XXIX

ÉCHEC DE LA MISSION LABOUCHÈRE

Nous avons cru indispensable de donner ces instructions en entier, elles nous permettront de porter un jugement impartial sur la conduite de Napoléon et du cabinet anglais en cette occurrence.

Un air de menace se dégage de ces instructions et elles ne contiennent aucune proposition de nature à amener les Anglais à ouvrir des négociations. « Si vous ne rapportez pas les ordres du conseil de 1807, dit Napoléon, j'envahis et j'annexe la Hollande. Si au contraire vous rapportez *promptement* (le mot y est deux fois) ces mesures, je considérerai cela comme une preuve de bon vouloir et je vous ferai transmettre des propositions, mais je ne dis pas maintenant lesquelles. »

Napoléon oubliait-il que les ordres du conseil n'étaient que la réponse, tardive d'ailleurs, à ses décrets de Berlin; en bonne justice, n'était-ce pas plutôt à lui, s'il désirait aboutir, à rappeler le premier les mesures coercitives qu'il avait prises le premier? Ces instructions, que Labouchère devait communiquer au marquis de Wellesley, étaient combinées comme à plaisir pour exaspérer l'amour-propre britannique.

Labouchère voyagea avec une grande célérité. Ayant pris terre le 5 février à Yarmouth, il fut à Londres le lendemain soir, et dès le 7 au matin faisait demander une audience à Wellesley, qui le reçut dans la soirée, et l'accueillit avec une évidente satisfaction. Le Hollandais communiqua ses instructions et discuta à fond la question principale, relative au danger que courrait la Hollande si l'Angleterre ne rapportait pas ses ordres du conseil. Wellesley répondit simplement que le conseil des ministres en délibérerait. N'ayant rien reçu le 11, Labouchère sollicita une réponse et revit le ministre le lendemain.

Ils causèrent longtemps; Wellesley déclara d'abord qu'il était impossible à l'Angleterre de se relâcher sur les ordres du conseil, tant que subsisteraient les décrets de Berlin qui les avaient motivés. Labouchère ne put nier qu'il était de toute justice que Napoléon, ayant inauguré les mesures coercitives contre le commerce des neutres et des Anglais, donnât la preuve de son désir de traiter, en adoucissant ces mesures. Ensuite, le système actuel étant la base fondamentale de la politique de l'Angleterre, et offrant le moyen le plus efficace, selon Wellesley, d'énerver les ressources de la France, il n'est pas prudent de le changer, car Labouchère n'apporte pas les conditions auxquelles la France voudrait traiter, mais seulement des menaces. Le ministre, rempli de défiance par cette attitude, considérait aussi qu'il était peu certain qu'une déclaration ou même une concession de sa part eût des conséquences utiles. Il dit cependant que le gouvernement anglais ne repoussait pas toute proposition d'accommodement, mais qu'il avait la conviction que, dans le moment, Napoléon n'avait aucune vue sérieuse de paix qui pût s'accorder avec les principes avoués de l'Angleterre. Loin de là, il prenait de nouvelles dispositions pour assurer la conquête définitive de l'Espagne et du Portugal; ces dispositions devant toujours être l'obstacle le plus sérieux au succès de toute négociation qui pourrait s'entamer.

Ne pouvant discuter sur les conditions auxquelles Napoléon avait l'intention de conclure la paix, puisqu'il ne les connaissait pas, Labouchère essaya de convaincre son interlocuteur de l'utilité de sauver la Hollande. Mais Wellesley lui répondit sèchement que dans l'ensemble des considérations du jour, celles qui concernaient la Hollande n'entraient que comme extrêmement secondaires. Finalement, le ministre anglais lui dicta la réponse verbale que voici, datée du 12 février (1) :

« La malheureuse situation de la Hollande a fait

---

(1) *Loc. cit.*, Angleterre, t. 605, f° 8 et s.

naître depuis longtemps dans ce pays-ci des sentiments d'intérêt et de compassion... mais la Hollande ne peut s'attendre que ce pays-ci fasse le sacrifice de ses propres intérêts et de son honneur.

« La nature de la communication de M. Labouchère permet à peine que l'on fasse la moindre observation touchant à une paix générale ; elle ne fournit pas même un motif à répéter les sentiments que le gouvernement anglais a si souvent déclarés sur cette matière.

« On peut néanmoins remarquer que le gouvernement français n'a point manifesté le moindre symptôme d'une disposition à faire la paix ou à se départir en aucune manière des prétentions qui, jusqu'ici, ont rendu inutile la bonne volonté du gouvernement anglais pour terminer la guerre.

« La même observation peut s'appliquer à la conduite du gouvernement français dans la guerre qu'il fait au commerce, guerre dans laquelle il a été l'agresseur et qu'il poursuit avec un acharnement qui ne se dément pas un instant. C'est à tort que dans la note remise par M. Labouchère, il est dit que les ordres du conseil d'Angleterre ont donné lieu aux décrets français contre la navigation du commerce des neutres ; les ordres du conseil n'ont point été le motif, mais la conséquence des décrets français. Les décrets sont encore en vigueur, nulle mesure n'a été prise pour leur rappel. Il n'est point raisonnable de s'attendre que nous nous relâchions en aucune manière des mesures de défense personnelle que commande notre sûreté et qui puissent nous mettre à l'abri des attaques de l'ennemi, parce que lui-même souffre par suite des mesures qu'il a prises, et cependant ne témoigne aucune disposition à s'en relâcher. »

Le chevalier Baring, beau-père de Labouchère, lui avait ménagé une réception amicale de lord Wellesley, ce qui était assez naturel, car le noble lord lui devait son élection, sa fortune et son crédit. Il dit à son gendre ce que le ministre n'avait pu dire, savoir : qu'il était indifférent au cabinet anglais que la Hollande gardât le titre d'État, mais que les grands obstacles à la paix étaient toujours le sort de l'Espagne.

Considérant, après la réception de la note verbale du 12 février, qu'il n'avait plus rien à faire à Londres, Labouchère repassa en Hollande, mais resta de sa personne à Amsterdam et avisa le roi Louis, toujours à Paris, du résultat de sa mission.

Cette nouvelle fut connue de Napoléon le 24 février. Loin de comprendre qu'en équité c'était à lui à rapporter les décrets de Berlin, s'il voulait que les Anglais rapportassent les ordres du conseil, il dicta, séance tenante, à un de ses secrétaires un projet de traité avec la Hollande, dont le premier article est la réponse, et quelle réponse! à la note anglaise.

« Jusqu'à ce que le gouvernement britannique ait solennellement renoncé aux dispositions comprises dans ses ordres du conseil de 1807, tout commerce quelconque entre les ports de la Hollande et les ports de l'Angleterre est interdit. »

L'article 2 ordonnait l'occupation de la Hollande par 18,000 Français, sous le maréchal Oudinot, et l'article 6 portait cession à l'Empire français de tout le pays au sud du Wahal, soit le Brabant hollandais, la Zélande tout entière, et une partie de la Gueldre. Le traité définitif conforme à ce projet fut signé le 16 et ratifié le 31 mars.

Napoléon donna, à cette occasion, une nouvelle preuve de son excessive mobilité de caractère. Le 16 mars, il fait signer le traité d'annexion d'une partie de la Hollande à son empire, renonçant ainsi, de propos délibéré, à toute espèce de négociation avec l'Angleterre, et le surlendemain il se prend à réfléchir sur la mission Labouchère, relit le rapport de cet envoyé et mande à Louis :

« J'ai lu avec attention le rapport du sieur Labouchère; je pense qu'il est convenable que vous le renvoyiez à Londres, non plus au nom du ministère hollandais, mais en votre nom. Il sera chargé de s'expliquer dans les termes de la note ci-jointe et sera porteur d'un écrit non signé, et à peu près pareil à celui qu'il a remis. Enfin, si le gouvernement anglais a la moindre volonté de paix, on peut se servir du sieur Labouchère ou tout autre agent pour porter des paroles. Il est très important que Labouchère m'ait aucun caractère officiel, et que dans aucun cas il ne puisse montrer aucune pièce signée, ou d'une écriture connue. »

Napoléon semble honteux de tenter un rapprochement avec les Anglais; et cela se comprend, après toutes les tentatives qu'il a fait échouer. L'écrit non signé débute en ces termes : « Le roi, à force de sollicitations et de sacrifice, a obtenu que tout le pays sur la rive droite du Rhin resterait indépendant, ce qui ne laisse pas d'être un avantage important pour les Anglais. Mais des troupes françaises et des détachements de douanes occupent les débouchés, ce qui rendra impossible l'introduction d'aucun bâtiment en Hollande. » Napoléon demande ensuite l'abrogation des ordres du conseil de 1807; moyennant quoi, les Français évacueront la Hollande et peut-être les villes hanséatiques; seulement, il n'offre pas d'abolir ses décrets de Berlin et de Milan. Il s'étend avec complaisance sur l'état florissant de la France et termine par la menace traditionnelle à l'adresse de l'Angleterre. « Pour n'avoir pas fait la paix plus tôt, elle a perdu Naples, l'Espagne, le Portugal et le débouché de Trieste. Il est évident que si elle tarde à la faire, elle perdra la Hollande, les villes hanséatiques et qu'elle soutiendra malaisément la Sicile (1). »

(1) Correspondance de Napoléon, 16352, et ROCQUAIN, *loc. cit.* p. 263.

Avant d'adresser à Labouchère l'ordre de repartir pour Londres, le roi Louis voulut le voir. Dans les premiers jours d'avril, il quitta Paris, et eut à son arrivée à Amsterdam un long entretien avec Labouchère. Celui-ci affirma que lord Wellesley désirait sincèrement la paix, mais que la majorité du conseil, et surtout le roi d'Angleterre, pensaient différemment parce que la guerre enrichissait la nation; que le sort de la Hollande, du Hanovre même, leur était indifférent; que le zèle que la Hollande avait témoigné pour la France, lors de l'expédition de Walcheren, lui avait aliéné la sympathie des Anglais; enfin que les affaires d'Espagne, ce qu'on savait déjà, constituaient le plus grand obstacle à la paix. Labouchère croyait aussi que si le ministère changeait on aurait plus de chance de s'entendre avec son successeur.

Louis, suffisamment édifié, s'empressa d'envoyer à Napoléon le compte rendu de sa conférence avec Labouchère et demanda des instructions au sujet de la nouvelle mission qu'on avait témoigné le désir de confier à ce personnage (1). L'empereur lit cette lettre, change encore d'avis, renonce définitivement à se servir de Labouchère, et même à tenter une nouvelle négociation avec l'Angleterre.

Tel fut le résultat de la première mission de Labouchère, plus stérile encore que celle

---

(1) ROCQUAIN, *loc. cit.*, Louis à Napoléon, Utrecht, 17 avril 1810.

de Fagan ; il est curieux de constater que ces deux personnages virent Wellesley à peu de jours d'intervalle. Fagan fut reçu dans les derniers jours de janvier, Labouchère le 7 et le 12 février. Par une coïncidence étrange, Fagan fut malade à Londres pendant tout le temps que Labouchère y séjourna; il ne revint en France que le 10 mars, c'est-à-dire près d'un mois après le retour du Hollandais.

CHAPITRE XXX

NOUVEAU PLAN DE FOUCHÉ A L'INSU DE NAPOLÉON

Absorbé par les préparatifs de son mariage avec Marie-Louise, Napoléon oublia bientôt ses idées de paix. Se croyant plus puissant que jamais, il veut amener l'Angleterre à composition, au moyen de nouvelles rigueurs dans le blocus continental, et par la conquête définitive de l'Espagne et du Portugal, où il envoie Masséna avec une armée considérable. Il a complètement perdu de vue Labouchère et la négociation du mois précédent.

Comment comprendre que Fouché ait saisi cet instant pour recommencer, *à l'insu de Napoléon*, et contre sa volonté, une troisième négociation secrète en vue d'un rapprochement avec l'Angleterre ! Celle qui va se dérouler n'est pas la moins curieuse des trois. Le ministre de la police avait à sa disposition Fagan et Labouchère ; tous deux sympathiques à lord Wellesley, et également capables de mener à bien une négociation de ce genre. Le mauvais état de santé de Fagan, rentré à Paris depuis peu de temps, fit renoncer Fouché à l'employer de nouveau. Labouchère, par ses relations de parenté avec le très influent chevalier Baring, avait de grandes chances d'être écouté à Londres. Seulement comment le renvoyer dans cette capitale sans éveiller les soupçons de l'empereur. Fouché, plus fin que jamais, s'imagina d'employer Labouchère sans lui faire quitter Amsterdam : Baring serait auprès de Wellesley le porte-paroles de Fouché, par l'intermédiaire de Labouchère.

Ainsi Fagan a conduit la première négociation occulte, Labouchère la seconde, le chevalier Baring dirigera en personne la troisième.

Pour communiquer sûrement avec Labouchère, Foucher se servit d'Ouvrard qui partit pour Amsterdam sous prétexte d'affaires financières, ce qui semblait tout naturel. Il portait à Labouchère le petit billet suivant émanant du ministre de la police, non daté, mais écrit vers le milieu du mois de mars (1).

(1) Ouvrard, dans ses mémoires publiés en 1827, raconte à sa manière son rôle dans la négociation. Il argue de sa bonne foi et de la croyance dans laquelle il était d'agir au nom de l'empereur. Il n'accepta cette mission qu'à contre-cœur et sur les instances de Fouché ; il reconnaît avoir porté à Labouchère la proposition contenue dans le petit billet dont il est question ici, ainsi que son mémoire à l'empereur du 22 mars, dont nous parlerons plus loin. Il ajoute que Meneval, secrétaire de l'empereur, à qui il le fit remettre, se montra très effarouché, mais néanmoins le montra au maître (t. I, p. 153 à 168). Les pièces des archives nationales et des archives des affaires étrangères confirment certaines affirmations d'Ouvrard et le présentent plutôt comme un complice de Fouché pour tromper Labouchère.

« On paraît être actuellement, et pour l'époque du mariage seulement, disposé à se relâcher sur les points suivants : Malthe, la Sicile, Naples, les provinces Ioniennes, les villes Hanséatiques, la Hollande, le Portugal, la plus grande partie des colonies espagnoles (1). »

Ce billet, qui affectait une forme confidentielle et semblait émaner d'un personnage connaissant les pensées secrètes de l'empereur, produisit chez Labouchère une profonde impression. Loin de soupçonner la supercherie de Fouché, il se crut dépositaire de la volonté impériale et chargé d'une mission importante, dans des conditions beaucoup plus larges que celles du mois de février. Ouvrard, qui échafaudait des plans de spéculations sur les probabilités de paix, lui prodiguait les encouragements et achevait de le tromper.

Le petit billet de Fouché est le premier document relatif à la nouvelle négociation ; il en est le point de départ.

Labouchère se hâta d'écrire à son beau-père Baring, le 21 mars, pour l'informer que jamais il n'y avait eu un moment plus favorable pour traiter, malgré l'annexion récente d'une partie de la Hollande à la France, et qu'il ne fallait pas le laisser échapper, si on voulait sincèrement la paix. Le

---

(1) Dans son interrogatoire du 28 juin suivant, Ouvrard nia que ce billet lui eût été remis par Fouché pour le faire passer en Angleterre. Archives nationales, AF^{IV} 1674.

mariage de Napoléon est une circonstance qui permet d'entrer dans un système nouveau et plus analogue aux idées d'autrefois. Les conditions portées sur le billet de Fouché, en y ajoutant le sort de Ferdinand VIII, qu'on devra fixer, forment des bases suffisantes pour permettre à Baring d'ouvrir la négociation avec Wellesley.

A cette lettre était jointe, pour lord Wellesley, une note détaillée, datée du 22, dans laquelle on insistait d'abord sur la modification qui allait se produire dans les idées de l'empereur : « de conquérant il va devenir conservateur ; et le premier résultat de son mariage avec Marie-Louise sera une proposition pacifique à l'Angleterre. Cette nation a intérêt à faire la paix, car elle est maîtresse de la mer ; au contraire la France a plutôt intérêt à la continuation de la guerre, qui lui permet de s'étendre indéfiniment et de refaire ses flottes, chose impossible en temps de paix. Pourquoi le cabinet anglais ne propose-t-il pas à la France de s'entendre avec elle pour à eux deux détruire les États-Unis d'Amérique, les remettre sous la dépendance de l'Angleterre et faire ainsi annihiler par Napoléon le grand ouvrage de Louis XVI (1). Quant à Ferdinand VII, qu'on lui donne la royauté du Mexique et des colonies espagnoles d'Amérique ; son sort sera assuré

---

(1) Les États-Unis par leur loi de l'Embargo venaient de se brouiller avec la France et avec la Grande-Bretagne. On disait que le roi d'Angleterre détestait plus encore les Américains qu'il ne détestait Napoléon.

et la question d'Espagne résolue. Enfin, la paix permettra à l'Angleterre d'inonder le continent de ses produits; pour ce motif encore, elle a intérêt à la conclure, et à flatter la vanité de Napoléon en reconnaissant son œuvre et son titre impérial. » Cette manière de poser la question était habile, car elle mettait en avant les avantages matériels que l'Angleterre avait à faire la paix, y compris la reprise des États-Unis d'Amérique, et les désavantages que la France pourrait éprouver de sa conclusion.

Le jour même où cette note, rédigée par Ouvrard, partait pour Londres, le célèbre financier adressait directement à Napoléon un nouveau mémoire en faveur de la paix (1), qui est la paraphrase de sa note à Wellesley et devait préparer Napoléon aux solutions indiquées dans cette note. Un partage judicieux de l'Amérique centrale et du sud permettrait de terminer les affaires espagnoles, véritable obstacle à la paix. Ferdinand VII se partagerait avec les Bourbons les colonies espagnoles et Cuba resterait à la France. De ce point, qui formerait un établissement considérable, les Français pourraient un jour partir à la conquête de l'Amérique septentrionale. Ferdinand VII, roi du Mexique, épouserait une princesse de la maison Bonaparte; et on trouverait dans l'Amérique du nord des trônes

---

(1) Il en avait déjà remis plusieurs, notamment celui du 23 mars 1807.

pour ceux de cette maison qui n'en n'étaient pas pourvus. Maître des deux Amériques, Napoléon dicterait à l'Angleterre une paix conforme à ses idées.

Par une contradiction incompréhensible, Ouvrard fait proposer par Labouchère à Wellesley une entente avec la France pour ramener les États-Unis sous le sceptre britannique, et en même temps il offre à Napoléon de s'allier aux colonies espagnoles pour opérer la conquête des mêmes États-Unis, mais au profit de la France.

Il y avait dans l'envoi de ce mémoire à l'empereur une grave imprudence; c'était d'attirer son attention sur son auteur, sur son séjour en Hollande, et étant donné le caractère soupçonneux et l'esprit pénétrant de Napoléon, de lui faire deviner une partie de la besogne cachée qui s'accomplissait entre Fouché et Wellesley. La suite le prouva.

Comme on doit bien s'y attendre, Ouvrard envoya à Fouché la copie de sa note à Baring du 22 mars, et le ministre de la police, pour encourager Labouchère à persévérer dans sa négociation et lui donner de plus en plus l'illusion qu'il agissait conformément aux vues de l'empereur, lui fait communiquer par Ouvrard la note suivante du 5 avril, qui peut être considérée comme une instruction.

« Votre domestique est arrivé le 30 mars; les fêtes du mariage ont retardé son départ.

« On a lu avec beaucoup d'attention la note envoyée dernièrement par M. Labouchère (celle du 22 mars à Wellesley et composée par Ouvrard); on l'a trouvé bien, elle est d'un excellent esprit, il y a du tact, des convenances. La réponse est attendue avec impatience et vous êtes invité à ne pas perdre un moment pour l'envoyer. »

Fouché avise ensuite Ouvrard qu'un baron de Kolly, Irlandais, envoyé par le cabinet anglais pour faire évader Ferdinand VII de Valencay, est débarqué à Quiberon avec deux agents. On les a suivis, arrêtés et mis au secret. Wellesley ignore donc leur arrestation à l'heure actuelle. Labouchère devra l'en faire informer, et lui dire que par considération pour lui, Kolly sera mis en liberté, en échange de quelques prisonniers français. C'est encore une affaire que Napoléon ignorait et que Fouché prenait sur lui de trancher dans un sens favorable à ses vues.

Au reçu de cette communication, Labouchère s'empressa d'écrire deux lettres; elles portent la date du 10 avril. La première, adressée à Baring, est la confirmation de la note du 22 mars, et un appel à user de toute son influence pour décider Wellesley à envoyer une réponse favorable aux propositions concernant l'Amérique du nord.

La seconde, destinée au ministre en personne, par le canal de Baring, est une nouvelle sollicitation en faveur de la Hollande, que la paix seule peut arracher à son malheureux sort. Labouchère annonce les dispositions dans lesquelles se trouve le gouvernement français relativement à Kolly. « Rien, je suis sûr, ne serait plus propre à conduire cette affaire désagréable à un arrangement libéral qu'une ouverture franche et cordiale et l'expression d'une disposition véritable de traiter, quelque difficile qu'il puisse paraître de s'entendre quant aux termes. Quelques principes préliminaires généraux pourraient être mis en avant et bientôt l'on pourrait reconnaître s'il existe également de la part de la France un désir sincère de mettre fin aux calamités de la guerre; et si Votre Excellence approuve ce mode de correspondance particulière, je conçois que, sur le respect attaché à son nom, on pourrait s'attendre à des contre-déclarations suffisamment claires et satisfaisantes pour changer promptement ces communications confidentielles en mesures officielles (1). »

La note et la lettre du 22 mars de Labouchère ne parvinrent à Londres que le 5 avril. En les recevant le chevalier Baring fit prévenir Wellesley qu'il avait des papiers importants à lui remettre. A minuit, le ministre les envoya chercher, et le lendemain les porta chez son ancien collègue Canning (2). Les deux hommes d'État convinrent d'en

---

(1) *Loc. cit.*, Angleterre, correspondance, t. 605, f°° 20 et 21.
(2) On sait que Canning ne faisait plus partie du cabinet en

retarder la communication au conseil jusqu'à ce qu'ils eussent discuté la note particulièrement entre eux. Les conversations durèrent du 8 au 14 avril, et l'on finit par convenir que la question d'Amérique et le débouché spontané des grands approvisionnements de denrées coloniales en cas de paix étaient deux bases très avantageuses pour l'Angleterre, et qui méritaient d'être soumises au conseil.

Tout est extraordinaire dans cette négociation d'avril 1810. Le cabinet anglais suppose que Baring et Labouchère sont les porte-paroles de Napoléon, et discutent sérieusement des propositions étranges. Il croit se trouver en présence de propositions officielles pouvant aboutir à la paix, tandis qu'en réalité il est dupe de Fouché. Fouché seul agit, et abuse les négociateurs et le cabinet de Londres. Il a pour excuse qu'il désire tellement la paix que la fin semble justifier les moyens et qu'il compte bien que Napoléon sera le premier à le féliciter de sa conduite si un rapprochement a lieu. Le ministre de la police ignore que l'empereur ne songe déjà plus à la paix maritime, et veut de nouveau essayer de détruire son invincible ennemie.

1810; néanmoins cette démarche de Wellesley s'explique parce qu'il était étroitement lié avec Canning et avait été présenté par lui comme son successeur.

CHAPITRE XXXI

NAPOLÉON DÉCOUVRE LA TRAME DE FOUCHÉ. SOLUTION INATTENDUE

Les vacances de Pâques vinrent mettre un terme à la vie politique en Angleterre. Le 17 avril Wellesley et Baring reçurent les lettres du 10 avril de Labouchère que nous avons mentionnées plus haut et dont l'une, adressée à Baring, avait trait au baron de Kolly. La condescendance témoignée par Fouché au sujet de Kolly, et que le conseil anglais attribuait faussement à l'empereur, produisit une bonne impression; il discuta donc avec un excellent esprit de conciliation la note relative à l'Amérique et *décida que cette base lui convenait.*

Ainsi, pour la première fois le cabinet britannique croit trouver des points de rapprochement avec la France, et c'est au zèle de Wellesley qu'il faut attribuer ce résultat. En quittant la séance, le ministre courut chez Baring pour lui annoncer cette heureuse nouvelle; ne l'ayant pas rencontré, il prit la peine de repasser trois fois. Il le joignit enfin et discuta de nouveau avec lui sur tout ce qui avait fait l'objet de la délibération du conseil. Le marquis se montra animé des meilleures dispositions envers la France, et finit par déclarer que le conseil était très sensible aux procédés dont on avait usé envers lui au sujet de Kolly et que, personnellement, il désirait savoir de quelle manière il devait reconnaître ce procédé (1). Le noble lord ne semblait pas tenir beaucoup à Kolly qu'il qualifia de pauvre homme, mais il appréciait vivement la conduite du gouvernement français en cette occasion.

Ce premier résultat de la négociation de Baring dépassait aux yeux d'Ouvrard toutes les espérances et il mandait à Fouché qu'on attendait avec anxiété une communication officielle du ministère britannique en réponse aux notes de Labouchère des 22 mars et 10 avril. Quelques jours plus tard, le 27 avril, Ouvrard quitta Amsterdam pour venir prendre de nouvelles instructions de Fouché. Le 8 mai, Baring revit Wellesley, qui lui déclara :

« Qu'il ne saurait résulter d'avantage de recevoir en Angleterre une personne dont les pouvoirs ne fussent clairs et incontestables ;

« Qu'il ne saurait résulter d'avantage d'une ouverture de négociations, à moins qu'il ne fût entendu que certains points indispensables peuvent être réglés par les parties dans le cours de la négociation ;

(1) Archives nationales, AF^{IV} 1674, Rapport d'Ouvrard à Fouché et lettre de Baring à Labouchère du 24 avril 1810.

« Qu'il serait inutile et même dangereux d'ouvrir une négociation avec la certitude ou même l'appréhension que des obstacles insurmontables doivent se présenter dans le principe. »

Ces déclarations semblaient indiquer un doute du cabinet anglais sur la régularité des négociations, actuellement en cours. Elles étaient en tout cas assez peu claires. Baring demanda donc au ministère si, dans le cas où une personne convenablement autorisée serait envoyée, elle serait écoutée.

« Oui, répondit Wellesley, certainement tout autant que ses pouvoirs l'admettraient, si l'on y trouvait les moyens d'en espérer une conclusion favorable (1). »

Wellesley l'assura ensuite qu'il pouvait compter sur lui pour favoriser dans le cabinet britannique l'objet qu'ils avaient en vue, et recevrait avec plaisir un négociateur dûment accrédité.

Fouché aurait peut-être trouvé le moyen d'envoyer quelqu'un à Londres pour continuer la négociation, d'une manière officielle, et il allait être obligé de tout dire à l'empereur. Napoléon, au milieu des préoccupations de son mariage et de son voyage en Belgique et en Hollande, avait oublié le mémoire d'Ouvrard du 22 mars. Par hasard, il rencontra, à Anvers, ce financier qui

---

(1) Archives nationales, AF^{IV} 1674. Baring à Labouchère, 8 mai 1810.

revenait à Paris le 27 avril, comme on l'a vu plus haut.

Le mémoire du 22 mars lui revint à l'esprit ; une rapide association d'idées se fit, il devina quelque chose d'insolite dans la conduite du financier et ordonna au roi Louis de se faire rendre compte par Labouchère de ce qui avait pu se passer depuis deux mois, et de lui envoyer les pièces relatives à cette affaire. Labouchère fit par écrit un compte rendu de sa négociation. Il avoua ses lettres à Wellesley et à Baring du 10 avril, mais passa sous silence la note du 22 mars (1). Au cours d'un entretien, il fut plus explicite et prouva au roi sa bonne foi. Il croyait agir par ordre supérieur de Napoléon ; la lettre qu'Ouvrard lui avait adressée de Paris, trois jours auparavant, ne débutait-elle pas par ces mots : « On a mis votre lettre sous les yeux de l'empereur ; il en a fait l'éloge et elle a été trouvée parfaite? »

Lorsque Labouchère reçut l'ordre de communiquer toute cette affaire au roi de Hollande, il s'empressa d'en aviser Ouvrard et lui demanda une autorisation en règle, pour continuer ses démarches à Londres (2).

Ouvrard, qui ne se rendait peut-être pas un compte exact de ce qu'il avait fait de délictueux

---

(1) Archives nationales AF^{IV} 1674. Labouchère à Louis, 8 mai 1810.
(2) Affaires étrangères, Angleterre, correspondance, t. 605, f° 31. Labouchère à Ouvrard, 8 et 9 mai 1810.

et pensant que Napoléon approuverait finalement cette intrigue, sollicita Fouché de laisser Labouchère continuer sa négociation avec Wellesley par le canal de Baring et même de l'envoyer à Londres, muni de pouvoirs suffisants pour lier la négociation, conformément au désir exprimé par le ministère anglais. Il faisait ressortir le terrain gagné depuis la première mission de Labouchère, en février, époque où on n'avait essuyé qu'une fin de non-recevoir. Nul n'était mieux placé que lui pour reprendre les pourparlers avec succès.

Pour terminer, Ouvrard suggérait à Fouché les instructions à donner à Labouchère et posait les bases sur lesquelles la paix pourrait se faire entre la France et l'Angleterre, c'est-à-dire : laisser Joseph posséder l'Espagne à la condition que les États-Unis reviendraient à l'Angleterre et que l'Amérique du centre et du sud serait partagée entre Ferdinand VII et l'ex-roi de Naples (1).

Instruit par le roi Louis de toute la trame ourdie par Fouché et Ouvrard, Napoléon entre dans une violente colère. Il réunit le conseil, le 2 juin, à Saint-Cloud, chasse Fouché du ministère de la police, et, voulant connaître l'étendue et les détails de l'intrigue, fait arrêter Ouvrard. Il épargna Labouchère dont la bonne foi était évidente. Les pièces saisies chez Ouvrard mirent Napo-

(1) Archives nationales, AF^{IV} 1674. Notes confidentielles d'Ouvrard à Fouché, 14, 19 et 28 mai 1810.

léon au courant de tout ce qui s'était passé depuis six mois. La mission de Fagan du mois de janvier lui fut révélée par les interrogatoires de ce personnage; elle mit le comble à son exaspération et le poussa aux partis extrêmes. Il se vengea en exilant Fouché à Aix-en-Provence.

On se demande si dans cette situation, et surtout après avoir lu les lettres de Baring à Labouchère, relatives aux dispositions pacifiques de l'Angleterre, il n'aurait pas mieux fait, dans l'intérêt de la paix, de dissimuler sa colère, et de laisser continuer une négociation qui avait des chances d'aboutir.

Nous ne chercherons pas à justifier la conduite du ministre de la police, mais étant donné qu'un cabinet étranger était en cause, la plus élémentaire prudence aurait exigé que, si Napoléon ne voulait pas suivre la négociation de Labouchère, il s'abstînt au moins de faire du scandale. S'il avait été réellement désireux de mettre un terme à ses démêlés avec l'Angleterre, il aurait agi avec plus de circonspection et moins de hâte. Mais il semble que les velléités pacifiques un instant suscitées par le mariage se fussent déjà évanouies sans retour; sa conduite dans l'affaire Ouvrard-Fouché le prouve absolument.

Le cabinet anglais ressentit vivement le coup, il se vit couvert de ridicule, aux yeux de l'opposition et du parti de la guerre à outrance; il avait été joué par Fouché et Labouchère. Baring et le marquis de Wellesley avaient couru une aventure dans laquelle ils perdaient une partie de leur considération; ils se dirent qu'avec un homme comme Napoléon il n'y avait pas moyen de traiter sérieusement, et dès ce moment, ils modifièrent leur conduite politique.

Le résultat de la publicité donnée à l'affaire Fouché fut plus considérable qu'on ne le croit généralement; elle rendit un rapprochement presque impossible entre Napoléon et les Anglais et assura chez eux le triomphe des partisans de la guerre indéfinie. Tant il est vrai que les blessures d'amour-propre sont les plus cruelles pour les peuples comme pour les individus (1).

---

(1) C. F. PEARCE, *Memoirs and correspondence of Marquess Wellesley*, 3 vol. London, 1846. L'auteur, pour raconter les négociations de 1810, n'a rien trouvé de mieux que de traduire (t. III, 88-89) en anglais les p. 416 et 417 du t. Ier des *Mémoires de Fouché*. Cet exposé est complètement faux.
Il est à regretter que l'ouvrage de Pearce, qui est classique en Angleterre, s'en réfère exclusivement, sur une question aussi grave pour lord Wellesley, à un écrit que chacun savait apocryphe dès sa publication. — ALISON, *op. cit.*, t. IX, p. 77-78, s'appuie aussi sur les mémoires de Fouché, et sur ceux d'Ouvrard. Son récit ne concorde nullement avec les documents authentiques que nous avons publiés. — WALTER SCOTT, *op. cit.*, t. VIII, p. 66-67, est encore moins exact; il confond Ouvrard avec Fagan.

LES NÉGOCIATIONS DE MORLAIX
1810

CHAPITRE XXXII

INITIATIVE DE WELLESLEY

Depuis longtemps, le gouvernement britannique faisait exprimer dans la correspondance du transport office avec M. Rivière, chef du 5e bureau du ministère de la marine, le désir d'établir un cartel d'échange des prisonniers de guerre. Au début, l'empereur se montra très enclin à donner suite à ces propositions, mais posa trois conditions préalables à l'ouverture de toute négociation.

D'abord, mise en liberté de la garnison du Cap français, qui, par sa capitulation, avait stipulé qu'elle serait renvoyée en Europe, mais était encore retenue en Angleterre, contrairement au droit des gens et au mépris du traité; ensuite, les Anglais arrêtés en France à l'ouverture des hostilités en 1803 seraient compris dans l'échange. Enfin on tiendrait compte de l'armée hanovrienne qui capitula en 1803 et fut laissée en liberté, sous condition de ne pas servir avant d'être échangée.

Le gouvernement anglais ne jugea pas convenable d'acquiescer à des conditions si justes ; pourtant en 1804, renouvela ses offres. Napoléon ne leur accorda pas toute l'attention désirable, tant son esprit était occupé de vastes projets. Cinq ans se passèrent, et le 14 octobre 1809, le transport office écrivit au ministère de la marine pour annoncer qu'il consentait enfin aux conditions proposées par l'empereur relativement à la garnison du Cap français et exprimait le désir d'ouvrir des négociations sérieuses.

Napoléon fit répondre, le 22 novembre, qu'i voulait un échange en masse des prisonniers de part et d'autre, dans lequel il ne voyait aucun inconvénient à comprendre les alliés de l'Angleterre. Il ajoutait que les prisonniers pourraient se rançonner et que celle des deux nations qui en avait le plus grand nombre recevrait une certaine somme convenue en compensation. C'était, en somme, le cartel du 12 mars 1780, entre la France et l'Angleterre, que l'empereur désirait renouveler, et il lui était avantageux, car, moyennant la remise d'espèces métalliques, dont il était bien pourvu, il aurait retrouvé de suite tous les prisonniers français.

Le marquis de Wellesley, dont on connaî les

idées pacifiques, trouva cette proposition à son entrée au ministère des affaires étrangères et saisit avec ardeur cette occasion de négocier. Il y voyait la possibilité d'étendre les pourparlers et peut-être d'aboutir à la paix. Napoléon avait exactement la même impression. Par quelle suite de malentendus ces deux esprits remplis en ce moment de la même pensée ne purent-ils arriver à se mettre d'accord ?

Wellesley répondit d'abord qu'il était opposé au système de la rançon et ne fit point mention des alliés de l'Angleterre dans sa lettre. Il était évident que d'un échange de dépêches il ne pouvait rien sortir de sérieux dans une affaire si épineuse ; aussi le ministre anglais prit-il spontanément la résolution d'envoyer en France un négociateur pour essayer de résoudre sur place la question des prisonniers. Labouchère venait alors de quitter Londres après avoir porté à lord Wellesley des propositions pacifiques ; est-ce lui qui suggéra cette démarche significative au noble lord? C'est possible. En tout cas, ce fut comme un épilogue de son voyage en Angleterre, et son premier résultat.

On reçut à Paris, le 14 avril 1810, l'avis télégraphique de la nomination de Colin-Alexandre Mackensie, comme négociateur, et vingt-quatre heures plus tard celui de son débarquement à Morlaix. Le commissaire général de la police de ce port l'avait autorisé à prendre terre, mais avait mis deux sentinelles à sa porte.

L'empereur, à cette nouvelle, ne perdit pas un instant, et nomma pour s'aboucher avec l'envoyé anglais M. Moustier, secrétaire de légation en Saxe, qui se trouvait de passage à Paris. Moustier arriva à Morlaix le 24 avril, après un voyage ininterrompu de soixante-cinq heures. Il se présenta sans délai à Mackensie, qui n'était pas encore levé, et les pourparlers commencèrent aussitôt.

L'envoyé britannique était un homme d'une trentaine d'années, d'excellentes manières, instruit, riche, apparenté aux premières familles d'Angleterre, et ami de lord Wellesley. Après avoir fait quatre campagnes et conquis le grade de major, Mackensie quitta le service. Désirant visiter la France en 1803, il en avait été empêché par la guerre et tourna ses vues vers d'autres pays. Il parcourut successivement l'Italie, la Sicile, l'Archipel grec, la Turquie, la Perse enfin, où il combattit dans les rangs de l'armée russe. En 1807, Alexandre lui proposa de reprendre du service dans son armée, mais Mackensie refusa et rentra en Angleterre.

Lors de la capitulation de Junot à Cintra, Mackensie fut choisi, à cause de ses anciens rapports avec la Russie, pour servir d'intermédiaire entre l'amiral russe Siniavine et le gouvernement anglais. Plus tard il alla en mission secrète à Héligoland pour la création d'une compagnie commerciale.

Lord Wellesley ne pouvait faire un meilleur choix pour négocier l'échange des prisonniers.

CHAPITRE XXXIII

ÉTAT DES PRISONNIERS — PROPOSITIONS DE L'EMPEREUR

La question des prisonniers se posait de la manière suivante, au printemps de 1810.

Prisonniers français détenus en Angleterre..	41.000
Renvoyés d'Angleterre en France sous condition d'échange....................	2.680
TOTAL................	43.680
Prisonniers anglais détenus en France....	11.000
Renvoyés en Angleterre sous condition d'échange........................	3.694
TOTAL................	14.694
A ce nombre devait être ajoutée l'armée hanovrienne, qui avait capitulé en 1803.	17.306
TOTAL................	32.000

D'après ce compte, nous devions à l'Angleterre 11,680 prisonniers pour équilibrer exactement les deux masses.

Mais d'abord les 17,000 Hanovriens ne se trouvaient pas dans les forteresses françaises, puisqu'ils avaient capitulé sous condition de ne plus servir avant d'avoir été échangés. Beaucoup furent fidèles à cet engagement; d'autres étaient passés peu à peu dans les rangs de l'armée anglaise, qui ne s'était pas privée de leur concours.

Si donc, en droit, Napoléon comptait ces 17,000 Hanovriens comme prisonniers anglais, en fait, ils n'existaient pas, puisqu'il ne les tenait pas en sa possession; et en réalité nous devions 28,986 prisonniers. On pouvait facilement les trouver dans les Siciliens et Espagnols détenus dans nos places fortes, mais pourrait-on s'entendre sur ce point?

Quant à laisser 30,000 Français sur les pontons d'Angleterre et à n'en échanger que 11,000, il n'y fallait pas songer un seul instant; l'humanité, la justice s'opposaient à ce procédé, et d'ailleurs, comment choisir ceux qu'on libérerait? Ce raisonnement était également applicable aux alliés de l'Angleterre, qui ne pourraient rester entre nos mains, si leurs camarades anglais étaient libérés.

L'empereur voulait donc donner les 17,000 Hanovriens et un nombre d'Espagnols et de Siciliens suffisant pour compléter le nombre exact des 43,680 Français détenus (1). On voit qu'il persistait à considérer les Hanovriens comme réellement prisonniers en France et qu'il offrait en somme de donner ce qu'il n'avait pas en sa possession.

(1) *Loc. cit.*, Angleterre, correspondance, t. 604, f° 16. Instructions à Moustier, 20 avril 1810.

Mais sur ce point, Mackensie avait des instructions formelles, les Hanovriens ne comptaient pas, parce que les conditions de la capitulation, disait-il, avaient été cachées aux simples soldats et que le roi d'Angleterre ne l'avait jamais ratifiée. Il niait aussi que ces Hanovriens fussent au service de l'Angleterre; beaucoup avaient déserté, d'autres avaient pris rang dans les armées westphalienne, prussienne et hollandaise; ces derniers échappaient donc à toute action anglaise; en revanche, ils servaient les rois frères de Napoléon, et il n'était pas juste de les considérer comme prisonniers, surtout après un délai de sept ans.

Pourtant, afin de donner satisfaction à l'empereur, Mackensie proposa :

1° D'admettre dans un système d'échange non seulement les Hanovriens qui étaient réellement en notre possession en France et en Allemagne, mais encore ceux qui avaient pris du service en Angleterre, d'après un relevé fourni par le gouvernement anglais et *sur sa parole d'honneur*. Il y en avait deux ou trois mille, disait-il.

2° Que pour compléter la libération de tous les prisonniers français se trouvant en Angleterre, on rendît la liberté à la *masse* des prisonniers espagnols, siciliens et portugais en ce moment entre nos mains.

Avouons-le, cette proposition était humaine, car elle promettait de libérer tout le monde sans exception, et au point de vue militaire elle était acceptable, car si le nombre des Espagnols et autres que nous détenions était assez considérable, leur instruction militaire était presque nulle. Qu'était-ce auprès de 41,000 bons soldats exaspérés contre l'Angleterre que l'empereur aurait retrouvés du jour au lendemain ?

Comme les instructions de Moustier ne prévoyaient pas cette éventualité, il dut en référer à Champagny ; l'Anglais demanda la permission d'envoyer un bateau en Angleterre pour réclamer lui aussi un supplément d'instructions. Mackensie trouvait étranges les procédés dont il était l'objet à Morlaix ; le bateau parlementaire anglais qui l'avait amené, le 12 avril, dans ce port, avait été renvoyé aussitôt, et le négociateur se trouvait prisonnier, sans communication avec son cabinet. Il y avait réellement de quoi s'étonner et se plaindre, mais non pas de se montrer plein d'inquiétude comme le faisait Mackensie. Moustier le calma, lui fit prendre patience, en lui représentant que son arrivée avait été soudaine, et que l'empereur était alors en Belgique.

Toutefois le commissaire anglais fut affecté de ces incidents ; ils constituaient un mauvais début à ses yeux.

Les jours suivants, Moustier discuta longuement la question de savoir si les 17,000 Hanovriens étaient oui ou non au service anglais. Cette discussion était oiseuse, mais elle servait à amuser le tapis en attendant que Napoléon envoyât sa réponse aux propositions du 24 avril faites par Mackensie.

Les deux négociateurs se lièrent bientôt d'amitié; l'Anglais proposa de faire table commune avec Moustier, et celui-ci répondit qu'il ferait les honneurs de Morlaix et que son couvert serait mis tous les jours à la table du négociateur français. De ces rapprochements, les épanchements naquirent : Mackensie fit part des sentiments pacifiques de lord Wellesley, et de l'espoir que les pourparlers actuels se changeraient bientôt en négociations de paix (1).

Napoléon fit répondre le 4 mai, d'Anvers, qu'il acceptait l'échange en masse, mais qu'ayant 40,000 prisonniers espagnols en sa possession, il ne les rendrait que si la junte insurrectionnelle de Séville restituait les 10 à 12,000 Français, qui avaient été pris sur les champs de bataille espagnols. Mais si la junte refusait cet échange, il garderait tous les Espagnols. Étant donné qu'on pratiquait l'échange en masse, cette prétention de Napoléon était légitime, car il était impossible de laisser des Français prisonniers en Espagne quand on rendrait tous les Espagnols à leur patrie.

Depuis la fin d'avril, Dickson, secrétaire de Mackensie, était parti pour Londres, demander des ins-

---

(1) *Loc. cit.*, Angleterre, correspondance, t. 604, f° 36. Moustier à Champagny, 30 avril 1810.

tructions complémentaires, et il ne revint à Morlaix que le 24 mai. La cause de ce retard était imputable, paraît-il, au changement qui venait de se produire dans le haut personnel de l'amirauté.

La proposition de Napoléon du 4 mai, et le cartel d'échange qu'elle couvrait, fut soumise à Mackensie le 25 par Moustier, mais elle ne pouvait être acceptée séance tenante.

En effet, ce cartel visait les 12,000 Français prisonniers en Espagne, que l'Angleterre avait omis de considérer au début de la négociation. Force fut donc à Mackensie de le soumettre à son cabinet, en renvoyant son secrétaire le porter à lord Wellesley.

CHAPITRE XXXIV

PROPOSITIONS ANGLAISES. — PROCÉDÉS DE DISCUSSION

Quelques jours après survient la disgrâce de Fouché, qui met à néant tous les projets de négociation occulte. Napoléon ne tarde pas à s'en repentir, car, le 19 juin, il fait écrire à Moustier de dire à Mackensie que la France désire la paix, que si les pourparlers de Morlaix aboutissaient à la conclusion d'un cartel d'échange, les commissaires chargés de le faire exécuter pourraient lier les premiers pourparlers en vue de la paix maritime (1).

Ainsi toujours, regrettant un jour ce qu'il avait fait la veille dans ce conflit avec l'Angleterre, il se reproche déjà d'avoir détruit la trame de Fouché, d'avoir couvert de ridicule lord Wellesley, et par une nouvelle voie, il essaie de renouer le fil qu'il a rompu. Les longues conversations par lesquelles les deux négociateurs combattaient l'ennui de leur

---

(1) *Loc. cit.*, Angleterre, correspondance, t. 604, f° 84. Champagny à Moustier, 9 juin 1810.

séjour à Morlaix donnaient à Mackensie l'occasion de s'étendre sur les sentiments pacifiques de lord Wellesley, et il semblait que de ce côté le nouveau désir de Napoléon parût avoir quelque chance de se réaliser. Mackensie laissait entendre, avec quelle ardeur il aspirait au moment où il irait, comme commissaire à Paris, engager ces pourparlers. Il était, en effet, désigné par le cabinet anglais pour suivre les négociations de paix qui, dans l'esprit de Wellesley, pourraient peut-être succéder à celles de Morlaix.

Le 22 juin, Mackensie fit irruption chez Moustier ; il avait l'air radieux, et annonça qu'on allait se mettre d'accord, car son cabinet consentait à l'échange en masse de prisonniers proposé par le projet de cartel de Napoléon du 4 mai.

Voici ce que demandait le cabinet anglais :

1° Tous les Espagnols, Portugais, Siciliens, Hanovriens et tous autres sujets, ou au service de l'Angleterre ou de ses alliés, qui sont maintenant prisonniers en France, en Italie, à Naples ou dans tous les autres pays alliés ou dépendants de la France, seront mis en liberté sans exception.

2° Tous les Français, Italiens et autres, sujets ou au service des puissances alliées de la France, qui sont maintenant prisonniers de guerre en Grande-Bretagne, Espagne, Sicile, Portugal ou Brésil, ou en tous autres pays alliés ou occupés par les troupes de la Grande-Bretagne, seront mis en liberté sans exception.

« L'échange se fera d'abord à raison de 1,000 Anglais contre 1,000 Français jusqu'à ce que plus un seul Anglais ne reste en France. Pour tenir compte de 2,000 Hanovriens qui servent dans ses armées, l'Angleterre livrera pareil nombre de Français en plus, et indépendamment de l'échange ci-dessus.

« Cette stipulation était une concession destinée à donner satisfaction à une des exigences de l'empereur.

La balance des prisonniers français qui restera alors en Angleterre, soit environ 28,000, sera mise en liberté de la manière suivante :

1° Les 12,000 prisonniers français en Espagne seront échangés contre pareil nombre de prisonniers espagnols détenus en France, à raison de 1,000 hommes à la fois.

2° Quand ce second échange aura été exécuté, grâce aux bons offices que l'Angleterre prêtera au gouvernement espagnol, l'Angleterre enverra en France le solde des prisonniers français, soit 28,000, formant la balance restant entre ses mains. Mais naturellement, la France, en échange de cette restitution de tous ses nationaux ou alliés, mettra en liberté l'excédent de Portugais ou Espagnols qu'elle aura encore, sous parole de ne pas reprendre de service avant d'avoir été échangés régulièrement.

Cette proposition anglaise, qui n'était que la mise en articles de celle de Mackensie du 24 avril précédent, permettrait d'obtenir l'échange général de tous les prisonniers et procurerait dans un court délai à la France 53,000 bons soldats et matelots.

Mais, son exécution rendrait aussi 40,000 soldats à l'Espagne et au Portugal, de qualité bien inférieure aux Français, mais dangereux encore, au moment où nos forces étaient disséminées dans la péninsule, de Cadix à Victoria, à Grenade, en Catalogne, partout enfin, et où Masséna venait de prendre le commandement de l'armée de Portugal destinée à expulser lord Wellington de ce pays (juin 1810).

Napoléon résolut donc de ne pas accepter pour le moment et de gagner quelques semaines, dans l'espoir que d'ici-là la question serait résolue en Portugal à son avantage.

En conséquence, il fit envoyer le 30 juin à Moustier l'ordre de proposer à Mackensie que pour 1,000 Français restitués, la France rendrait 250 Anglais et 750 alliés. C'était déjà assez insultant pour l'armée anglaise, qu'il affectait ainsi de mettre sur un pied d'infériorité vis-à-vis de l'armée française ; mais Moustier devait encore considérer l'armée anglaise qui, sous lord Wellington, tenait tête en Portugal à Masséna, comme *dès maintenant prisonnière de guerre !*

On croirait avec peine à une semblable prétention, même de la part de Napoléon, si la dépêche ne portait textuellement ces mots : « Il se peut que les Anglais ne veulent pas libérer tous les Français dans la crainte du sort de leur armée de Portugal. Cette armée, vous devez affecter de la considérer comme *étant en notre pouvoir, et il ne faut point que vous mettiez de modestie à cet égard* (1). »

« Demoustier fera ressortir à Mackensie « la folie « de Wellington » qui a la prétention de tenir en Portugal avec des forces qui, quel que soit leur nombre, ne sont qu'une poignée d'hommes en comparaison de celles que la France leur opposera ».

La supposition que les Anglais ne voulaient pas libérer indistinctement tous les Français en leur pouvoir était fausse, car nous avons vu dans la proposition anglaise du 22 juin qu'ils proposaient bien nettement d'opérer l'échange *complet*. Quant au langage que Moustier devait tenir à Mackensie, il dépassait la mesure permise entre nations civilisées, surtout au cours d'une négociation pacifique. Jamais on n'avait considéré une armée ennemie comme prisonnière, le jour même où les opérations offensives commençaient contre elle ; cette prétention de l'empereur dépassait en impudence tout ce qu'il avait fait jusque-là !

Posant ensuite en principe qu'il ne pouvait avoir confiance dans les diverses juntes espagnoles,

---

(1) *Loc. cit.*, Angleterre, correspondance, t. 604, f° 107. Decrès à Moustier, 30 juin 1810.

à cause des continuelles modifications qu'elles éprouvaient, Napoléon déclare qu'il ne discutera pas avec elles, car pour lui jamais les Espagnols ne restitueront les prisonniers français. Il propose à l'Angleterre de réunir en rade de Calais les 41,000 Français réellement prisonniers des Anglais, d'y conduire les 11,000 Anglais qu'il détient, ainsi qu'un nombre d'Espagnols et de Portugais suffisant pour égaliser le chiffre ; de les échanger alors en masse à Calais, d'où des vaisseaux britanniques conduiront les Espagnols où ils voudront. Comme après cet échange il restera en France un surplus d'Espagnols et autres, Napoléon les échangera contre les 12,000 Français captifs en Espagne.

Napoléon se contredisait dans cette proposition ; il dit d'abord ne pas vouloir traiter l'échange avec les juntes espagnoles, et un peu plus loin il consent à le faire pour les Français qui sont en Espagne.

Comme si les prétentions de ranger l'armée de Wellington au nombre de ses prisonniers ne suffisaient pas pour froisser Mackensie, le *Moniteur* du 21 juin traitait de calomnieuse et d'absurde une note exacte du *Sun*, relative aux négociations en cours. Mackensie se sentit blessé dans sa dignité de négociateur, se plaignit amèrement à Moustier et le menaça de retourner en Angleterre. Ce à quoi le Français répondit « qu'il ne rencontrerait jamais de sa part aucun empêchement à son départ. »

CHAPITRE XXXV

CONCESSIONS DE L'ANGLETERRE

Ainsi la négociation pouvait aboutir, puisque les projets anglais et français ne différaient que sur l'exécution, étant analogues quant au fond, savoir : la libération complète.

Napoléon choisit ce moment pour lancer la note du *Moniteur*, pour faire des observations injurieuses pour l'armée de Wellington, pour renvoyer enfin de Paris dans les dépôts de l'est les Anglais de marque qui avaient été autorisés à venir dans la capitale. Moustier enfin, par une réponse mal calculée, risque d'indisposer en même temps le cabinet anglais et son représentant.

Pourtant, le bon naturel de Mackensie reprit vite le dessus ; il ne bouda pas longtemps Moustier, et ils organisèrent, pour tuer le temps, des parties de campagne, des déjeuners champêtres, de petites fêtes intimes. Plusieurs familles anglaises avaient été autorisées à séjourner à Morlaix, Mackensie se plaisait en leur compagnie ; on dansa et l'envoyé britannique s'en donna à cœur joie (1). Il discutait aussi les conditions matérielles dans lesquelles devait s'exécuter l'échange des prisonniers, dont le principe était admis pour les deux gouvernements, mais ne soulevait plus d'autres questions. De la paix générale, il ne parlait plus comme autrefois; en effet, le cabinet britannique était alors sous le coup immédiat de l'affaire Fouché; le parti de la guerre à outrance tournait en ridicule lord Wellesley, qui avait été dupe de l'intrigant ministre de la police et d'Ouvrard.

La proposition faite par l'empereur d'échanger cent dix mille prisonniers (2) en masse dans la rade de Calais, n'était pas exécutable, il faut le reconnaître; des difficultés matérielles s'y opposaient. Comment réunir un aussi grand nombre de bâtiments sur une seule rade, comment opérer cet immense transbordement; et enfin sur quels vaisseaux transporter trente mille Espagnols dans leurs pays? Passer la Manche était possible à la rigueur, mais comment gagner les côtes d'Espagne, tous les grands vaisseaux anglais étant occupés ailleurs?... On comprend que le gouvernement anglais ne pouvait garder chez lui ces Espagnols, et supporter de ce chef une dépense

---

(1) *Loc. cit.*, Angleterre, correspondance, t. 604, f° 135. Moustier à Décrès, 27 juillet 1810.

(2) C'est le chiffre donné par Moustier à Mackensie. ALISON, *op. cit.*, t. IX, p. 680-3, expose d'une façon incomplète et inexacte la question des prisonniers.

énorme à laquelle la France resterait complètement étrangère. Le seul parti équitable était que chacune des parties contractantes s'engageât à transporter dans leurs pays respectifs les prisonniers se trouvant en sa possession.

Un parlementaire parut à Morlaix le 1ᵉʳ août, il apportait une longue note anglaise dans laquelle tous ces arguments étaient développés. Le gouvernement britannique affirmait une fois de plus, et très énergiquement, son désir d'arriver à la libération de tous les prisonniers sans exception et maintenait sa proposition du 22 juin.

Seulement, et il faut insister sur ce point, se rendant compte des difficultés que l'empereur rencontrerait peut-être pour obtenir des juntes espagnoles l'échange des prisonniers, le gouvernement anglais proposait un article additionnel, conçu dans les termes suivants :

« Dans le cas où le gouvernement d'Espagne, auquel les termes de cette convention seront immédiatement communiqués, n'y notifierait pas son adhésion dans l'espace de trois mois, à dater de sa signature, les sujets français qui pourront demeurer prisonniers dans la Grande-Bretagne, ou dans ses possessions, après l'exécution de l'échange respectif des prisonniers britanniques et français, comme il est exprimé d'autre part (convention proposée le 22 juin), *seront libérés sans délai* et successivement, par des remises successives de mille hommes chacune, et sur l'engagement positif (qui sera ratifié par le gouvernement français) de ne pas servir militairement n'importe comment, soit sur mer, soit sur terre, contre la Grande-Bretagne, ou aucun de ses alliés, dans aucune partie du monde, avant d'avoir été régulièrement échangés contre tels prisonniers britanniques, qui par les chances de la guerre pourraient, par la suite, tomber entre les mains de la France (1). ».

Considérant que les prisonniers français étaient presque tous à Chatam, Plymouth et Portsmouth, c'est-à-dire près de France, tandis que les Anglais détenus par nous se trouvaient répartis sur toute l'étendue de l'Empire, il faudrait à ces derniers un temps très long pour gagner Calais par étapes. Estimant ce délai à trois mois, le cabinet anglais proposait que pendant ce temps le gouvernement français dirigerait les prisonniers espagnols vers leurs frontières, et qu'ainsi au même moment l'échange serait exécutable avec l'Angleterre et les juntes espagnoles.

L'acceptation de l'article additionnel permettait à l'empereur de recevoir immédiatement 11,000 Français, plus 2,000 en compensation des Hanovriens, soit 13,000 hommes, et trois mois plus tard, les 28,000 autres qui risquaient tout au plus de passer ce court laps de temps en Angleterre; et cela en

---

(1) *Loc. cit.*, Angleterre, correspondance, t. 604, f° 149.

restituant seulement 11,000 Anglais. Quel beau marché !

Mackensie supposait, et qui ne l'aurait supposé? que cette proposition généreuse de l'Angleterre, il faut l'avouer pour une fois, allait être acceptée d'emblée, et aussi s'étonnait-il de ne pas recevoir de réponse vingt-quatre jours après l'avoir soumise. Un mois s'écoule ; le 28 août, il déclare à Moustier ne pouvoir attendre plus longtemps, et concluant du silence de l'empereur à son refus d'accepter l'acte additionnel, il demandait ses passeports. Le négociateur français parvint à lui faire prendre patience.

Ce retard de Napoléon était voulu, il attendait avec impatience la nouvelle de la capture de l'armée de Wellington par celle de Masséna ; comme en 1806, il attendait, pour conclure avec Lauderdale, la ratification du tsar au traité d'Oubril.

Comme rien ne venait de Portugal, il se décida à faire répondre le 28 août, par Moustier, qu' « on renverra *de suite en France, et sans attendre trois mois,* tous les prisonniers de guerre français, et il est bien entendu qu'ils soient soumis à toutes les clauses de l'article additionnel proposé par l'Angleterre. »

Ainsi, le délai de trois mois est inacceptable pour l'empereur, car il craint que dans cet espace de temps l'Angleterre ne trouve un prétexte pour éluder ses engagements. L'article additionnel contenait bien la condition que les 28,000 prisonniers français que l'Angleterre rendait sans rien recevoir en échange ne serviraient pas avant d'avoir été échangés régulièrement contre pareil nombre d'Anglais, qui pourraient être pris plus tard. Mais l'empereur trouverait le moyen de les faire entrer quand même dans les régiments par une voie détournée.

Ce n'était pas cela qui l'embarrassait, et l'Angleterre le savait bien ; mais elle avait encore plus besoin de ressaisir ses 11,000 soldats, que Napoléon d'en recouvrer 41,000.

Donc, Napoléon demande que ses 41,000 soldats lui soient rendus de suite, et échangés à raison de 3,000 Français contre 1,000 Anglais jusqu'à extinction. Il veut aussi que les prisonniers espagnols soient tenus à la disposition de l'Angleterre en nombre suffisant pour parfaire la différence, afin que l'Angleterre puisse ensuite les faire conduire où elle voudra.

Quelle réponse le cabinet anglais va-t-il faire à la proposition de restituer *de suite* 41,000 Français contre 11,000 Anglais seulement? Mackensie ne prit pas sur lui de trancher la question, cela se comprend, et il envoya un messager à Londres.

A son étonnement, à celui de Moustier et de l'empereur lui-même, l'Angleterre consentit à ce que le surplus des prisonniers français fût restitué *immédiatement* (1), sans attendre la conclusion des

---

(1) *Loc. cit.*, correspondance, Angleterre, t. 604, f° 182. Note anglaise du 22 septembre 1810.

négociations entre la France et l'Espagne. Fallait-il qu'elle eût besoin de ses 11,000 soldats, pour accepter ce marché si avantageux pour nous!

Et Napoléon n'envoya pas son acceptation par le télégraphe. Il y a dans sa carrière des résolutions qui déroutent et restent incompréhensibles; celle-ci est du nombre, comme les négociations de Prague en 1813.

CHAPITRE XXXVI

LA QUESTION DES HANOVRIENS. — EXIGENCES DE L'EMPEREUR

Au lieu d'une acceptation formelle, Napoléon cherche une chicane mesquine et elle porte sur le point le plus sensible de l'amour-propre britannique : la question de l'armée hanovrienne du duc de Walmoden ; elle va être la pierre d'achoppement qui fera crouler l'édifice si laborieusement édifié.

On a vu que dans son premier projet de cartel du 22 juin, l'Angleterre, pour satisfaire l'empereur, avait donné sa parole d'honneur que 2,000 des Hanovriens en question servaient dans ses armées et offert que pareil nombre de prisonniers français fût rendu comme compensation.

Or, dans son contre-projet du 28 août, Napoléon exigeait que 8,000 Français fussent renvoyés, libres de toute parole, en échange de pareil nombre de Hanovriens servant, *selon lui*, dans l'armée anglaise (article 9).

C'était un démenti donné à la parole de lord Wellesley, et celui-ci en fut piqué; néanmoins dans sa note du 22 septembre, qui accordait, nous l'avons vu, la libération *immédiate* des 41,000 prisonniers français, le ministre britannique consentait à donner une nouvelle preuve de condescendance à l'empereur en comptant les Hanovriens pour 3,000 hommes. En présence de cette dernière proposition, l'empereur fit mander à Moustier, le 5 octobre, de déclarer à Mackensie qu'il acceptait l'offre anglaise de libérer immédiatement les 41,000 Français, qu'il rendrait 1,000 Anglais et 2,000 alliés contre 3,000 Français; que les commissaires anglais seraient libres de faire passer les Espagnols en Angleterre ou de les diriger sur les Pyrénées; que le transport de ces derniers se ferait aux frais de la France, mais quant aux Hanovriens, il persiste à les considérer comme au nombre de 8,000 servant dans l'armée anglaise et réclame un pareil nombre de Français sans parole.

Ici on ne comprend plus ce que voulait Napoléon en insistant sur le chiffre des Hanovriens à compter dans le cartel d'échange. Ce nombre n'avait plus aucun intérêt réel pour lui. En effet, l'Angleterre offrait de restituer tous nos prisonniers sans exception, échange désavantageux pour elle. Napoléon allait donc recevoir 41,000 bons soldats immédiatement, en n'en rendant que 11,000 aux ennemis. On verrait après à opérer l'échange avec les Espagnols. Et qu'est-ce que cela pouvait bien faire à la France que l'Angleterre avouât par un article inséré dans un cartel d'échange, avoir quelques milliers de Hanovriens de plus ou de moins dans ses corps, du moment qu'elle reconnaissait en avoir enrôlé contrairement à la capitulation de 1803 ?

On est fondé à croire qu'en présence de la facilité avec laquelle l'Angleterre avait accepté toutes ses conditions, Napoléon se dit que peut-être cette puissance gagnerait davantage en recouvrant ses 11,000 hommes, que lui-même en en recevant 41,000, et dès cet instant il renonça à signer le cartel d'échange des prisonniers. Peu lui importe que tant de malheureux Français souffrent plus ou moins longtemps sur les pontons anglais; les considérations de froide stratégie primèrent chez lui toute considération humanitaire.

La réponse de l'empereur du 5 octobre, communiquée à Mackensie le 7, le fit bondir.

« Comment, dit-il à Moustier, nous vous offrons de vous restituer 41,000 hommes contre 11,000 seulement, nous sommes d'accord sur tous les points, et sur une question aussi oiseuse et de si peu d'intérêt que le nombre de Hanovriens se trouvant dans notre armée, vous nous cherchez une querelle et vous voulez forcer le cabinet anglais à se donner un démenti à lui-même ! L'insistance de Napoléon sur ce point implique la mise en discussion de la sincérité de l'Angleterre. »

Il termine en suppliant Moustier, au nom de l'humanité, à se relâcher sur l'expression de 8,000 Hanovriens que l'empereur prétendait faire insérer dans le cartel. Il faut sauvegarder la dignité du cabinet britannique, la parole d'honneur d'un ennemi a bien quelque valeur; et puis il y a le parlement et l'opinion publique à ménager.

Moustier refuse et Mackensie réclame ses passeports.

Nous devons constater que le négociateur français ne faisait rien pour adoucir la forme des notes de son souverain ; il ne cherchait pas à arrondir les angles, à faciliter un arrangement. Ses dépêches à Decrès et à Champagny exposent en détail tous ses rapports avec Mackensie ; mais on y cherche en vain des considérations personnelles, des avis, des incitations destinées à adoucir Napoléon, surtout sur la question des Hanovriens.

Moustier n'est qu'un instrument docile, un organe de transmission très fidèle, mais incapable de susciter, de lui-même, une combinaison susceptible d'arranger le litige. C'est un modèle parfait de cette servilité aveugle que Napoléon exigeait de ses agents et dont tous, à cette époque, sauf Caulaincourt, s'empressaient de faire montre.

Pourtant le 12 octobre, il se décida, on ne sait pourquoi, à faire une concession, concession qui ne se comprend pas, du moment que l'amour-propre des ministres anglais est engagé à ne pas se donner un démenti à eux-mêmes. Il consent à « ce que Moustier descende jusqu'à 6,000 pour les Hanovriens (au lieu de 3,000 proposés par les Anglais), et il confirme qu'il prendra à sa charge le transport des Espagnols jusqu'aux ports d'embarquement » (1).

Cette ouverture fut accueillie par Mackensie avec une froideur glaciale; il répondit que le cabinet anglais mettait son point d'honneur à s'en tenir à l'aveu que 3,000 Hanovriens servaient l'Angleterre; pas un seul de plus.

Le 20, Napoléon confirme sa lettre du 12 et ajoute que si, dans les cinq jours, l'envoyé britannique n'a pas accepté le compromis, on le laissera partir.

Quand on considère à quoi tenait le succès des pourparlers de Morlaix : savoir le chiffre 3,000 au lieu de 6,000 à mettre sur un protocole, chiffre absolument sans valeur quant au résultat de la négociation, on doit conclure que Napoléon ne voulait plus traiter de l'échange dans les derniers jours d'octobre, renonçait à ses 41,000 soldats et marins, détenus en Angleterre, et blessait les sentiments du cabinet anglais, uniquement pour le forcer à rappeler Mackensie.

Les événements de Portugal expliquent la conduite de Napoléon, à son point de vue, naturellement. Il venait d'apprendre l'entrée de Masséna dans la vallée du Mondego. La nouvelle de la

---

(1) *Loc. cit.*, Angleterre, correspondance, t. 604, f° 214. Napoléon à Décrès, 12 octobre 1810.

prise de Coïmbre faisait présager celle de Lisbonne dans un bref délai ; l'armée anglaise allait être jetée à la mer ou forcée de capituler ; alors à quoi bon échanger des prisonniers dont les souffrances lui étaient d'ailleurs indifférentes? Napoléon pouvait-il supposer que le 12 octobre, jour même où il envoyait sa note à Moustier, l'avant-garde de Masséna se heurtait aux lignes de Torres Vedras? Le cabinet anglais, mieux instruit, désirait pouvoir y envoyer les 11,000 hommes que l'échange immédiat des prisonniers lui rendrait. Là est le secret de sa complaisance, de son empressement à accueillir les conditions de l'empereur, par la note du 22 septembre, mais cela ne diminue en rien la responsabilité de l'empereur dans la rupture des négociations de Morlaix, rupture dont il fut l'auteur, comme on vient de le voir (1).

Un incident pénible assombrit les derniers jours de Mackensie à Morlaix. Le 18 octobre, le commissaire central de police lui défendit de sortir de la ville. Ainsi, venu pour libérer des prisonniers, il se trouvait captif lui-même. On le soupçonnait de profiter de ses courses nombreuses dans les environs, en compagnie d'Anglais de ses amis, pour espion-

(1) Dans le grand débat qui eut lieu à la Chambre des communes, le 15 juin 1810, au sujet du vote des crédits pour la guerre et dans lequel Canning prononça son fameux discours sur l'Espagne, il ne fut nullement question des négociations de Morlaix qui duraient déjà depuis près de deux mois. Leur échec ne donna pas lieu non plus à des débats. CORDETT, *loc. cit.*, vol. XVII et XVIII.

ner et faciliter l'introduction de la contrebande britannique. N'était-il pas un jour monté sur les remparts de la ville? Moustier se faisait auprès de Napoléon l'écho de ces bruits absurdes. Ahuri, le négociateur courut chez son collègue, lui objecta que le besoin d'exercice, la passion du pittoresque, le goût de l'archéologie, la curiosité bien naturelle chez un homme qui avait passé une partie de sa vie à voyager, l'avaient seuls poussé à s'éloigner de Morlaix. Il était affecté au plus haut point de ces soupçons d'espionnage, et déclara qu'il se considérait comme prisonnier et ne sortirait plus de sa maison. Les cinq jours prescrits par l'Empereur étant écoulés, Moustier alla tenter une dernière démarche, pour tâcher de fléchir Mackensie sur la question des Hanovriens. L'Anglais lui répondit fièrement que « ses instructions ne lui permettaient pas de transiger sur un point sur lequel l'honneur du cabinet anglais était engagé (1) ! »

Et il s'embarqua pour Plymouth, le 6 novembre, l'état de la mer ayant empêché de le faire plus tôt.

(1) Cf. Las Cases, *Mémorial*, t. VII, f° 39 et suiv. A Sainte-Hélène, Napoléon avoua que les Anglais lui avaient finalement offert l'échange en masse de tous les prisonniers, mais qu'il refusa parce qu'il était persuadé que lorsque les onze mille premiers Français auraient été échangés contre autant d'Anglais, le cabinet de Londres aurait soulevé des difficultés qui eussent arrêté la continuation de l'échange. Justification maladroite, car l'Angleterre avait un intérêt majeur à voir libérer les Espagnols et Portugais prisonniers en France. Ces troupes devaient être un appoint sérieux pour l'armée de Wellington.

CHAPITRE XXXVII

DERNIÈRES NÉGOCIATIONS EN 1812-13

Après avoir refusé d'accéder aux conditions si favorables de l'Angleterre, relativement à l'échange des prisonniers, Napoléon éprouva le besoin de se justifier vis-à-vis de l'opinion publique, comme il l'avait déjà fait en 1806, au lendemain de l'échec des négociations avec lord Lauderdale. Sur ses ordres, d'Hauterive prépara un compte rendu général de ses pourparlers avec les ministres britanniques depuis 1804 (1). Ce rapport, accompagné d'un préambule et suivi de pièces relatives aux négociations, parut dans *le Moniteur* du 15 décembre 1810. Nous ne nous arrêterons pas à en faire la critique, il est incomplet; les pièces dont la publication était jugée compromettante n'y figurent pas; dans ces conditions, cette publication n'a aucune valeur historique, elle ne s'adressait d'ailleurs qu'aux Français, faciles à contenter, de l'époque.

Revenons aux relations diplomatiques avec l'An-

---

(1) *Loc. cit.*, Angleterre, correspondance, t. 605, f° 88 et suiv.

gleterre. On serait tenté de croire, après l'échec complet des négociations de Morlaix, que les deux belligérants dussent renoncer pour longtemps à toute tentative d'entente sur l'échange des prisonniers.

Il n'en est rien, car à la suite d'une lettre de Rivière du 27 juin 1811 au Transport office, relativement aux mauvais traitements dont nos nationaux étaient victimes en Angleterre, le cabinet de Saint-James offrit spontanément de recevoir un commissaire français chargé de vérifier les allégations de Rivière et la situation des vaisseaux pontons et de la prison de Dartmoor, à la condition qu'un commissaire anglais irait en France se livrer au même travail dans les places fortes où étaient détenus les prisonniers britanniques (1).

Cette proposition, qui provenait évidemment d'un désir d'entente et d'amélioration du sort des captifs, déplut à l'empereur. Il fit répondre « que cela ne servirait qu'à voir de nos yeux ce que vous avouez vous-même, savoir que 19.000 Français sont entassés dans les rades ». Et il proposa un échange général, homme par homme, y compris les alliés. Le cabinet anglais s'étonna qu'on repoussât un envoi réciproque de commissaires; quant à un échange général, il jugea inutile d'y donner suite pour le moment. On s'en tint donc

---

(1) *Loc. cit.*, Angleterre, correspondance, t. 605, 12 mars 1811.

à se renvoyer individuellement, de temps à autre, quelques captifs.

Il se trouva alors dans le parlement britannique, pour l'honneur de l'humanité, un noble personnage, lord Holland, qui eut honte de voir tant de pauvres soldats souffrir à cause du manque d'entente entre les deux gouvernements. Son ami lord Melville, premier lord de l'Amirauté, partagea ses sentiments. Lord Holland s'en ouvrit alors à quelques amis, et notamment à Irving, député aux Communes et appartenant à la majorité ministérielle.

Dans la séance du parlement du 18 décembre 1811, lord Holland souleva la question de l'échange des prisonniers et demanda à lord Liverpool, membre du cabinet, s'il existait dans le moment une négociation relative à cet objet, et dans la négative, s'il entrait dans les vues du gouvernement d'en engager une nouvelle. Lord Liverpool lui répondit que pour l'instant rien de ce genre n'était en cours ; que vu la situation particulière dans laquelle l'ennemi se trouvait depuis six mois, on pouvait à peine s'attendre à ce qu'une telle négociation fût engagée, mais que malgré cela elle était fort désirable.

A cette époque, un Français, des Bassyns de Richemont, alla à Londres, où il avait été appelé pour affaires personnelles. Mis en rapport avec Irving et lord Holland, il entra naturellement dans leurs vues, et de retour à Paris dans les derniers jours de décembre 1811, il communiqua à Champagny les intentions de lord Holland et de ses amis. En même temps, le Transport office, sous la pression de ces philanthropes anglais, proposait de reprendre les négociations sur les bases si avantageuses pour nous de la note anglaise du 22 septembre 1810.

Mais Napoléon mettait en ce moment la dernière main aux préparatifs de la campagne de Russie ; il allait quitter Paris, décidé à trancher par un coup de son épée, frappé au nord, ses démêlés avec l'Angleterre. Il n'attacha qu'une attention distraite aux nouvelles propositions anglaises, qu'il imputa à la faiblesse du ministère.

Des Bassyns dut bientôt retourner à Londres pour solliciter du cabinet anglais l'exécution de l'article de la capitulation de l'Ile-de-France, par lequel la libre exportation de leur fortune était accordée aux habitants. Pendant les mois de juillet et d'août, il eut avec lord Melville, premier lord de l'Amirauté, de nombreuses conférences au sujet de l'échange des prisonniers, et tint le duc de Bassano (1) au courant de ses pourparlers. A son retour en France, il lui remit un rapport et sollicita d'être renvoyé à Londres avec un mandat officiel réclamé par lord Melville. Napoléon était en Russie, et Bassano ne pouvait prendre de lui-même une

---

(1) Il venait de remplacer Champagny aux affaires étrangères.

aussi grave initiative; car on s'attendait tous les jours à recevoir la nouvelle de l'écrasement définitif de l'armée russe. La persistance de l'Angleterre à réclamer l'échange des prisonniers dans les circonstances actuelles semblait un aveu de ses craintes. Ainsi pensait l'empereur, et Bassano trouvait ce raisonnement très juste.

De retour à Paris en janvier 1813, Napoléon, presque sans armée, accueillit avec joie les propositions anglaises, auxquelles neuf mois auparavant il avait dédaigné de répondre (1). Il décida que des Bassyns, porteur de pouvoirs en règle, se rendrait immédiatement à Londres pour traiter de l'échange des prisonniers sur la base que tous, aussi bien Français qu'Anglais et leurs alliés, seraient libérés le même jour.

Parvenu à Londres le 15 février, l'envoyé fut parfaitement reçu par Melville, mais vit dès le début combien l'échec de la campagne de Russie avait modifié les intentions du cabinet anglais. Il fallait s'y attendre. On lui adjoignit Wilson Croker, membre des Communes et secrétaire de l'Amirauté. Leurs entrevues furent fréquentes, la discussion s'égara sur des points de détail, elle traîna en longueur; les mêmes difficultés qu'à Morlaix subsistèrent; on ne fit rien ni d'un côté ni de l'autre pour les aplanir : des Bassyns, à cause

---

(1) *Loc cit.*, Angleterre, correspondance, t. 605, f° 261. Bassano à des Bassyns, 21 janvier 1813.

de ses instructions trop étroites ; Croker, parce le cabinet anglais, naguère si désireux d'arriver à un échange, ne le voulait plus maintenant. N'avait-il pas les Russes et les Prussiens pour remplacer ses soldats en captivité?

De plus, on était convenu que la négociation resterait secrète ; dans un pays comme l'Angleterre c'était bien difficile à obtenir. Les journaux la signalèrent ; on en parla, elle ne fut bientôt un mystère pour personne. Des Bassyns en montra quelque humeur et le cabinet anglais en profita pour rompre. Ainsi, Napoléon recevait le prix de ses exigences insultantes de 1810 et de ses atermoiements de 1811. Des Bassyns rentra à Paris et à partir de ce moment il ne fut plus question de l'échange des prisonniers.

. . . .

Fidèle à son système de lancer un appel à l'Angleterre chaque fois qu'il s'apprêtait à frapper un grand coup sur le continent, Napoléon n'y avait point manqué avant de partir pour la Russie. Le 17 avril 1812, il fit écrire à Castlereagh pour lui proposer l'arrangement suivant :

« L'intégrité de l'Espagne serait garantie.

« La dynastie actuelle serait déclarée indépendante et l'Espagne régie par des cortès.

« L'indépendance et l'intégrité du Portugal seraient également garanties et la maison de Bragance y régnerait.

« Le royaume de Naples resterait au roi de Naples ; le royaume de Sicile serait garanti à la maison actuelle de Sicile.

« Par suite, l'Espagne, le Portugal et la Sicile seraient évacués par les troupes françaises et anglaises.

« Quant aux autres objets de discussion, ils peuvent être négociés sur cette base : que chaque puissance gardera ce que l'autre ne pourra lui enlever (1). »

Une telle paix eût été des plus avantageuses pour la France et l'Angleterre, puisque celle-ci aurait gardé l'empire des mers et toutes les colonies dont elle s'était emparée ; tandis que la France pourrait rester en paix avec la Russie et conserverait la domination du continent.

La réponse du cabinet anglais lui fut dictée par l'opinion publique. Les journaux répandirent le bruit qu'un courrier était arrivé de France ; aussitôt, avec une incroyable sagacité, ils en devinèrent le contenu et abjurèrent le gouvernement de ne pas céder sur la question espagnole. Les succès remportés en 1812 par les armées alliées en Espagne justifiaient malheureusement ce langage.

« Si par la dynastie régnant actuellement en Espagne, vous entendez celle de Ferdinand VII,

---

(1) *Loc. cit.*, Angleterre, correspondance, t. 604, f° 192.

nous sommes prêts à entrer en pourparlers ; mais s'il s'agit de reconnaître que l'autorité royale sera reconnue comme résidant dans le frère du gouverneur de la France, nous déclarons que des obligations de bonne foi ne permettent pas à Son Altesse royale de recevoir des propositions de paix fondées sur une semblable base. »

La réponse anglaise atteignit l'empereur à Dresde ; dans le premier moment, il dicta un projet de note qu'il n'envoya pas ; puis, se ravisant, il en dressa un second beaucoup plus énergique, dont il remit l'envoi à plus tard... de Moscou ou de Saint-Pétersbourg ! Il se termine par cette fière déclaration : « La France peut rester cinquante ans en guerre, jamais aucun Bourbon ne montera sur le trône d'Espagne (1). »

---

(1) *Loc. cit.*, Angleterre, correspondance, t. 604, f°¹ 219 et 223.

CONCLUSION

Comment peut-on expliquer la conduite de Napoléon envers l'Angleterre de 1803 à 1813?

Qu'il ait rompu de *propos délibéré* la paix d'Amiens, comme nous l'avons démontré par des documents indiscutables, cela peut s'admettre dans une certaine mesure. Il voulait se faire proclamer empereur. Élevé par la guerre, il considérait que la guerre seule pouvait lui permettre de monter au rang suprême. Il aurait pu cependant, avec l'aide morale de l'Angleterre, obtenir ce résultat; or, cela répugnait à sa fierté. Mais qu'après son avènement au trône il n'ait pas profité de la première occasion pour traiter avec les Anglais, cela se comprend moins. En 1806, il pouvait le faire dans des conditions qui donnaient satisfaction à toutes ses ambitions; il refusa! Deux ans plus tard, c'est plus difficile, car alors l'Espagne forme l'obstacle. En 1810, l'occasion se représente, le cabinet anglais est plus disposé que jamais à la paix; Napoléon, en brisant la trame de Fouché, détermine la guerre à outrance. Il est tellement exaspéré contre l'Angleterre, qu'il refuse de mettre en liberté 41,000 Français pour ne pas libérer 11,000 Anglais.

D'où provient cette haine implacable? Napoléon a remporté sur les Anglais au siège de Toulon les premiers succès qui ont établi sa réputation ; encore qu'il y eût reçu d'un soldat britannique une terrible blessure à la cuisse qui mit ses jours en péril. Plus tard, il conclut avec eux la paix d'Amiens, qui porta sa gloire à son apogée; et il les déteste irrémédiablement. Les diatribes des folliculaires anglais sont-ils cause de cette exécration?

Nullement; Napoléon jalouse l'Angleterre plus encore qu'il la hait. Il a voulu dominer le continent et il y est parvenu ; il veut aussi tenir le premier rang sur mer; mais il s'aperçoit bientôt que c'est impossible et que, malgré ses efforts, les flottes britanniques seront toujours les premières du monde, et il en éprouve pour sa rivale une jalousie et une haine profondes. Napoléon ne pardonnera jamais à l'Angleterre d'être maîtresse de l'océan. Au lieu de s'unir avec elle pour à deux se partager le monde, ce qu'un profond politique aurait pu tenter, il préfère essayer de la détruire.

L'échec des préparatifs de descente, la défaite de Trafalgar surtout sont des blessures qui ne se cicatrisent jamais. C'est cette peine cuisante qui retient la main de l'empereur chaque fois qu'il va signer un accommodement avec l'Angleterre. Et cette paix que les Anglais lui ont proposée tant de fois, l'a-t-il jamais réellement désirée? Nous croyons avoir prouvé que non. Abaisser d'abord l'Angleterre, l'humilier et traiter ensuite : tel était son but; mais discuter avec elle d'égal à égal, est une extrémité à laquelle il ne voulut jamais se résoudre.

Quelques propos échappés à Sainte-Hélène font soupçonner les véritables sentiments de Napoléon envers le cabinet britannique; l'examen impartial des papiers d'État ne laisse aucun doute à cet égard. La jalousie de Napoléon envers l'Angleterre était une petitesse, car la France était si grande sur le continent, que l'Angleterre pouvait bien, sans lui porter ombrage, dominer les mers.

Quand on considère les grandes actions de Napoléon Ier, et à côté d'elles ses fautes grossières en politique, ses crimes, ses mesquineries, sa déconcertante mobilité, on a le droit de penser que, dans cet organisme puissant, l'équilibre entre les facultés n'existait pas.

TABLE DES MATIÈRES

Avant-propos... i

LES RESPONSABILITÉS DE LA RUPTURE DE LA PAIX D'AMIENS.

Chapitre   I. — Arrivée du général Andréossy à Londres, sa réception cordiale par le roi et les ministres...................... 1

—   II. — Le véritable état de la question entre la France et l'Angleterre en décembre 1802........................ 13

—   III. — Premières escarmouches............. 24

—   IV. — Le rapport Sébastiani................ 30

—   V. — Les propositions anglaises du 1ᵉʳ mars 1803 et la scène des Tuileries........ 40

—   VI. — Les lettres inédites d'Andréossy à Bonaparte, leur importance capitale...... 49

—   VII. — Appel d'Andréossy au Premier Consul. 57

—   VIII. — Modération du cabinet anglais : ses notes des 26 avril et 7 mai.......... 66

—   IX. — La rupture.......................... 74

—   X. — Mauvais procédés réciproques, arrestation de diplomates.................. 81

LES NÉGOCIATIONS DE 1806. RESPONSABILITÉ DE LEUR ÉCHEC.

Chapitre   XI. — Ouvertures intempestives de Napoléon. La lettre de Fox.................... 86

—   XII. — L'empereur temporise................ 97

Chapitre	XIII. — L'Angleterre cède sur la question de la Sicile....................	106
—	XIV. — Le projet de traité anglais du 31 juillet 1806...................	117
—	XV. — Les négociateurs britanniques prisonniers; comédie diplomatique..	128
—	XVI. — La colère impériale...............	137
—	XVII. — L'épée de lord Lauderdale.........	145

LA MÉDIATION AUTRICHIENNE DE 1807-8.

Chapitre	XVIII. — Le cabinet de Vienne tente un rapprochement......................	153
—	XIX. — Réponse des alliés à la proposition de médiation autrichienne. Napoléon la fait échouer.............	159
—	XX. — Echec de la médiation russe, août 1807; l'erreur de Napoléon............	165
—	XXI. — Seconde tentative de l'Autriche, novembre 1807....................	173
—	XXII. — Nouvelles rigueurs de Napoléon contre les Anglais.....................	178
—	XXIII. — Echec définitif de la médiation autrichienne, janvier 1808............	185
—	XXIV. — Napoléon journaliste...............	191
—	XXV. — Un document curieux de septembre 1808.......................	196
—	XXVI. — La démarche des deux empereurs après Erfurt. La note de Burgos..	201

LA DIPLOMATIE OCCULTE DE 1810.

Chapitre	XXVII. — La trame de Fouché. Voyage de Fagan à Londres, février 1810....	209
—	XXVIII. — Première mission de Labouchère à Londres, février 1810............	219
—	XXIX. — Echec de la mission Labouchère....	227
—	XXX. — Nouveau plan de Fouché à l'insu de Napoléon......................	236
—	XXXI. — Napoléon découvre la trame de Fouché. Solution inattendue..........	245

LES NÉGOCIATIONS DE MORLAIX

Chapitre	XXXII. — Initiative de Wellesley............	252
—	XXXIII. — Etat des prisonniers. Propositions de l'Empereur.....................	256

Chapitre XXXIV.	— Propositions anglaises. Procédés de discussion....................	262
— XXV.	— Concessions de l'Angleterre.........	268
— XXXVI.	— La question des Hanovriens. Exigences de l'Empereur............	274
— XXXVII.	— Dernières négociations, 1812-13.....	282
Conclusion...		290

PARIS. TYPOGRAPHIE PLON-NOURRIT ET Cⁱᵉ, 8, RUE GARANCIÈRE. 5413.

www.ingramcontent.com/pod-product-compliance
Lightning Source LLC
Chambersburg PA
CBHW071419150426
43191CB00008B/973